赤ちゃんが大人になる道筋と育て直し

三つ子の魂、乳幼児体験の大切さ

角田春高
Kakuta Harutaka

はじめに

本来、人は健やかに育って大人になるものです。

親や育ての親に、年相応に適切に関わってもらって健やかな大人になります。しかし、実際には、適切な関わり方をしてもらえなかったことで、悩んでいる老若男女が多数います。その原因を考えますが、済んだことは今さら取り返しがつきません！

ところが世の中では、人生をやり直している人がいます。

何歳であっても、今から、やり直すことができます！

問題は、「赤ちゃんが健やかな大人になる道筋」を知らないで、悩んでいることです。

親や育ての親は、子どもに謝るべきは謝り、今からやり直しましょう！

これこそが、今からの子育てです！　今からの次世代育成です！

１９８４（昭和59）年頃、それまでの相談経験を基に、赤ちゃんが大人になる道筋として「二段階人格形成論」を創造し、相談、事例援助活動で検証してきました。１９９９（平成11）年、本格的に保育者養成と現職教育に取り組むにあたり、育て直しの育児学（１９９９年　相川書房）を出版しました。

それまでの相談経験から、この経験知が普及したら健やかな大人になることができなくて悩んでいる子ども達が幸せになり、やがて世の中が明るいものになると期待していました。

しかし、実際は私の期待とは裏腹に、あらゆる世代で問題は深刻になっていると思われます。子どもを授かってもどう育てたら良いか悩んでいる母親、保育園や幼稚園での「気になる子」の増加、解決の糸口が見えない不登校問題、虐待問題の増加、繰り返されるいじめ問題、ひきこもり（８０５０）問題などなど、どの問題においても解決の兆しが見えてきません。何となく社会が不安定さを増すことはあっても、問題解決の糸口が見えてこない現状にあります。

一方、スポーツだけでなく芸能、文化・芸術面などでも世界で活躍する青少年、大人がいます。その業績だけでなく、人間的にも素敵だと憧れるような人達がいることも確かです。そして、親子孫の三世代が笑顔に包まれ、助け合って、生活している家族もいます。この「育ち」の格差をどの様に考え、問題解決に向けて取り組んだら良いのでしょうか。

日本には「三つ子の魂百まで」「一つ、二つの『つ』の付くうちの子育て」「乳幼児期は生涯にわたる人格形成の基礎を培う」などのことわざや言い伝えがあります。健やかに育っている人も、SOSを発信している人も、その生育歴をたどるとき、生年月日と出生地は分かりますが、記憶は小学校くらいからで、3歳以前にさかのぼれることは、極めて珍しいです。つい、この人達はどのような乳幼児期を過ごしたのか、乳幼児体験を知りたいと思ってしまいます。

私個人は複雑な家庭事情の中で生まれ、育ってきました。大きく道を逸れることなく、不思議がられても、何とか良い子ちゃんを演じて生きてきました。大学を卒業し、福祉関係の仕事に就くときには、「いつか友達のいる普通の大人になりたい」と誓ったものです。

長年、カウンセリングやケースワーク、グループカウンセリング、コンサルテーションなどの手法で問題解決に取り組んできました。保育者への事例援助にも取り組み、保育者への助言・指導を通して、子どもが元気になり、保育者に元気が出てくるように援助・指導してきました。そして親が子育てに自信が持てるようにも助言・指導してきました。専門職種だけでなく、老若男女に講演を行って、問題解決に至った事例があることも耳に入っていますし、明るく育ち直っている、あるいは健やかに育っている個人や家族も知っています。

思春期や大人で悩んでいる人の言い分に耳を傾け、その人が何に気が付くと立ち直ることにつながるか、また、そもそも何に気を付けて関われば、人は健やかに育つのか、分かってきたことを「角田メソッド」としてまとめました。

この本が、子育てや人生のやり直しの手がかりになることを願っています。

なお、ここに取り上げている事例や場面は、個人が特定されないように手を加えていることをお断りします。

目　次

第１章

発達の視点で子ども・人を理解する

1. 赤ちゃんが大人になる過程

赤ちゃんは自分一人で、大人になっていくのではありません。赤ちゃんを取り巻く親や大人が、子どもの年齢に合わせて適切な関わり方、すなわち養育を行って、健やかに育っていくのです。

親には、我が子を心身共に自立した大人にする責任があり、努める必要があります。また、保育者や相談者なども、次世代を育成する使命を帯びていることを自覚して、子どもやその保護者に応対する責務があります。

日本には「産みの親より育ての親」という言葉があります。「育ての親」というのは、祖父母、おばさんやおじさん、保育者や相談援助者、里親、児童施設の職員などです。「産みの親」にしても「育ての親」にしても、子育ては、人としての務め・使命であると言えます。子どもに問題があるからと言って、産みの親だけが責められるものではありません。子どもに関係した「育ての親」もそれなりの責任があると考えます。「産みの親」や「育ての親」による「子どもに対する責任」については、後で述べます。

世間を見回したとき、何となく素晴らしい大人、素晴らしい人格者だと思う方はいます。だからと言って、具体的に人柄や生育歴が紹介されることは少ないです。特に、生育歴をさかのぼっても小学生からくらいで、保育園や幼稚園時代の紹介はほとんど見当たりません。ましてや、「三つ子の魂百まで」のことわざがあるにも関わらず、3歳以前の心の生育歴に触れることはほとんどありませんし、1歳半健診や3歳児健診の結果に関心は及びません。ただし、身体については、胎児期や出産期の異常や、その後の乳幼児期の病歴などに触れることはあります。

現状では、赤ちゃんがどのような道筋を経験したら心が大人になっていくかを表した考え方や書物は見当たりませんし、心身ともに自立した大人とは、どういう生育経験を持っている人であるかを、具体的に分かりやすく表したものも見当たりません。身体については、身長や体重など数値に表されるので比較的分かりやすいですが、心については数値で表されるものではないので分かりにくいと言えます。

現実には、子どもを授かりたくてもコウノトリが運んで来てくれない人もいます。子どもを授かっても、障害を持っていることもありますし、育つ過程で病気になったり、ケガ・事故にあったりして、回復することもあれば障害が残ることもあります。場合によっては、亡くなることもあります。この世に生を授かった者を、親をはじめ大人が助け合いながら、その命を全うするように生活しているのです。この原則があるので、家族は続くのであり、人類は続いてきたと言えるでしょう。

赤ちゃんが大人になる発達過程は、日本だけでなく世界各国で分かっているようですが、実は漠然としているのが実態だと思います。工業化の進む中で、いつの間にか子育てよりも経済的な豊かさを追い求めるようになり、次の担い手の人材育成を怠ることになっています。特に、3歳までの乳幼児期の大切さに注目しなくなっているように思います。赤ちゃんが大人になる過程がしっかりと分かっている社会ほど、健全な社会と言えると考えますが、今の地球上では、これを実際に伝承し実現しているのは未開拓民族くらいでしょう。

2.「角田メソッド」構築の前提

ここでは、乳幼児から老人世代までの「人生をやり直した人」を中心に据えて、幼児期にどのような経験ができなかったことで、後の成長・発達の姿にどんな歪みやねじれが出現したのかを考えます。

経験できていない乳幼児体験を、何歳からでも経験し直すと、人は育ち直っていきます。その結果として心豊かな生活を送ることができるようになった事例を基に、人生をやり直すことが途中で留まってしまった事例などと比較して、新たな発達論を構築しました。そして、これらの検証を重ねて得られた経験知を踏まえて、これを「角田メソッド」と名付けました。

したがって、「角田メソッド」は、問題行動や症状の形成過程の分析・説明、原因探し、相談時の親子関係の構造の分析、性格などの診断を目的としたものではありません。原因論や責任論で、問題解決に至る事例もあるでしょう。それは、「医学・心理学モデル」で考えていると言えますが、近年、それで問題解決できない事例があることも事実です。

ここでは、相談時点から、子どもが「親」や「育ての親」によって何を経験したら、精神的に自立していったかといった観点に立って考えます。問題発生を自立の過程でのできごとと捉え、解決を目指すものです。これは、「人格形成モデル」で問題解決を図ろうとする提案とも言えます。

3. 新発達論（子育て論・治療論）

(1) 赤ちゃんから老人までの一生

赤ちゃんは、「親」や「育ての親」にかわいがってもらうことで、七つの発達課題、すなわち①第1課題（実感）、②第2課題（安全・安心）、③第3課題（信頼）、④第

4課題（言葉）、⑤第5課題（2人遊び）、⑥第6課題（3人遊び）、⑦第7課題（学び）を達成していきます。そして九歳頃からは、乳幼児体験の経験不足を補いながら、それまでに経験した情緒体験を客観化する作業に取り組みます。「これが私」と思えたとき、心が大人になれたと考えるのです。

そこで、9歳までの経験を「原体験」とし、9歳以降は原体験を客観化・意識化する作業をするので「自己確立期」としました。そして、赤ちゃんはこの7つの発達課題を繰り返し経験して大人になるというこの理論を「二段階人格形成論」と名付けました。

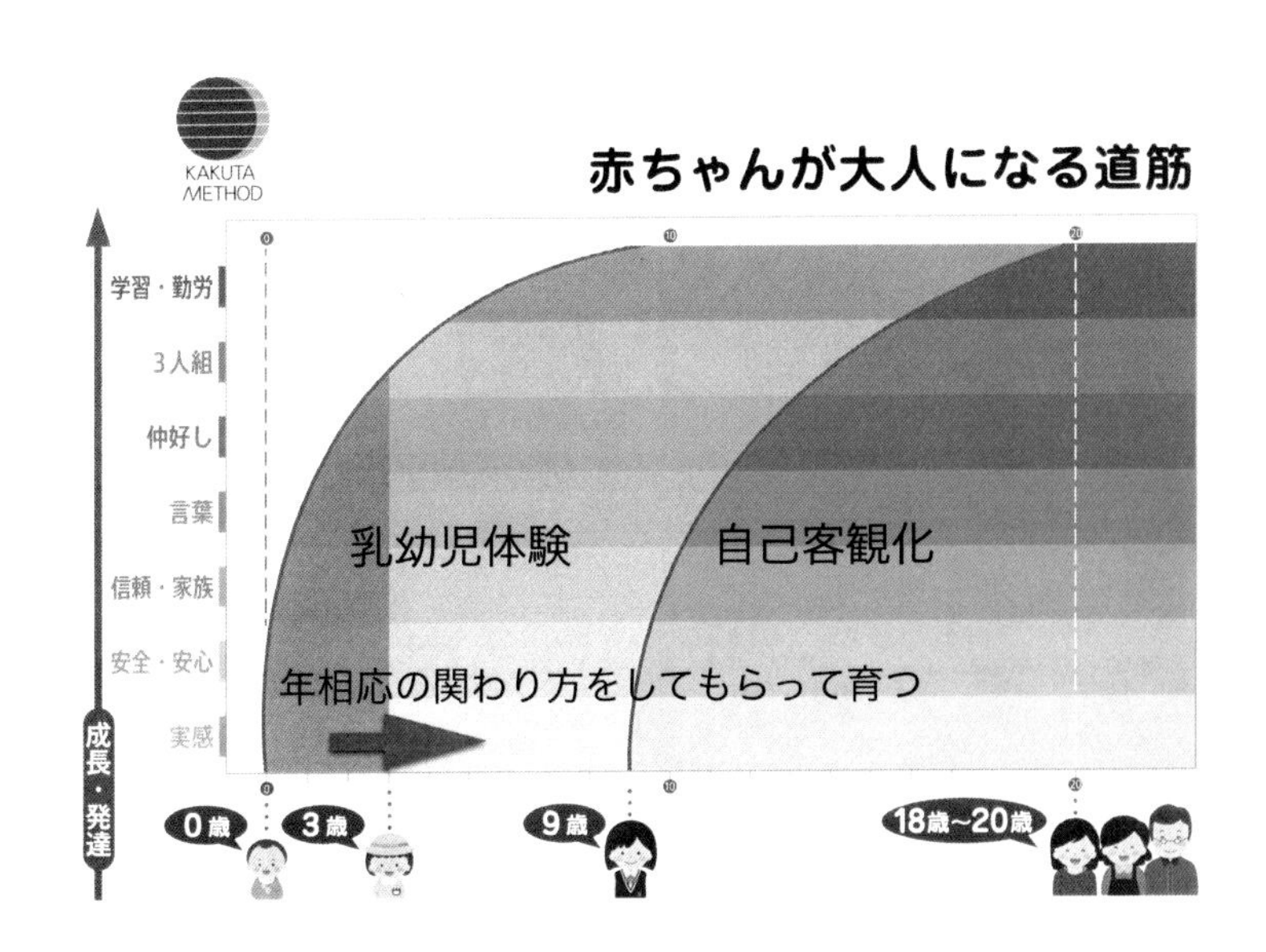

原体験となる乳幼児体験ができないと、その段階から成長・発達が停滞し、問題行動や症状が現れることになります。そのとき、誰かが気付き、問題解決に取り組むかどうかは、周囲の大人の子育て意識の問題です。

成長・発達は順に積み重なっていくものであって、飛び越えて経験できるものではありません。基礎段階で必要な関わり方をしてもらえなかったら、そこから歪みや停滞が始まります。そして育てる側が成長・発達の姿をしっかり持っていないと、問題に気付くのが遅れることになります。

例えば、不登校やひきこもり等は、かなり時間が経ってから表面化して初めて気が付くことになります。不登校やひきこもりになる人は、乳幼児期に健やかに育っていたのでしょうか。生涯にわたる人格形成の基礎を培うことができていたのでしょうか。問題行動や症状の発生は、本来、人として必要な関わり方をしてもらっていない結果と考えます。多くの場合、三つ子の魂が培われていない、すなわち3歳以前の経験不足が健やかな発達の障害となっています。ですから、問題行動や症状の解消には、成長・発達の停滞した発達段階まで戻って、必要な乳幼児体験を経験することです。するとそこから人格形成の基礎を培うことができます。

必要なのは、目先の問題解消を図る対応ではなく、成長・発達が促されていくかどうかに関心を持つことです。あくまで、「産みの親」や「育ての親」は、大人になる過程を視野において、子どもに関わる姿勢が求められます。

あみ
おひさま
ばったさん

第２章

発達課題の達成と事例・場面

(1) 原体験期（胎児から9歳頃）

第1課題：生きている実感（微笑み現象）

妊娠したことが分かったら、母親になる女性は子どもを授かったことへの感謝の気持ちで、胎生期を過ごすように努めることです。親の生き方・気持ちがお腹の赤ちゃんにも伝わっているとも言われ、昔の人は、胎教から子育ては始まると思っていました。母親自身が心身の健康管理に気を使うとともに、周囲も協力したものです。

出産後は、実家で祖父母にも手伝ってもらって、より安心した環境で過ごした

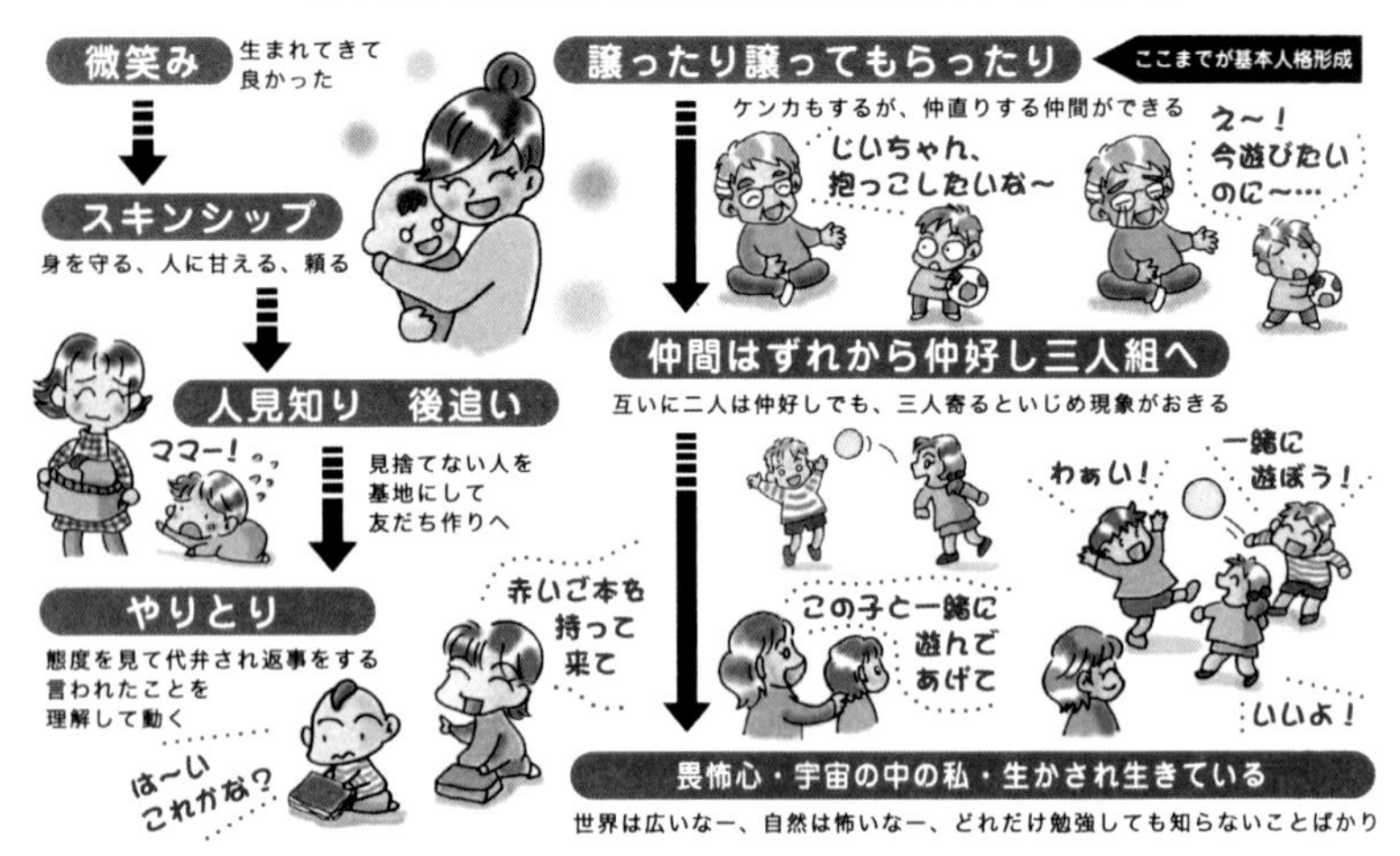

り、実家から祖母が出かけてきて親子を助けるなど、家事を祖父母に任せて、心身の回復を図りながら安心した気持ちで育児に関われると良いでしょう。近年は、若い祖父母は現役ということもありますので、父親の育休も必要でしょうし、社会制度として祖父母役をする支援者の派遣を可能にする制度の整備も必要になってきます。

授乳時には、母乳であってもミルクであっても、赤ちゃんの様子を見ながら、「おいしそうに飲んでいるね」「この良い飲みっぷりは、お腹すいたのかな」などつぶやきながら、子どもに気持ち良く飲んでもらうことが大切です。オムツを替えるときも「臭い、臭い。今替えるからね」「気持ち悪いねー」「これでさっぱりしたかな」などと声を掛けながら取り替えることです。眠りにつくときも「ぐっすり眠ってね」の気持ちで添い寝することです。早く寝かせて、あれをやろうこれをやろうと考えていると、子どもは意外と寝付かないものです。「寝顔もかわいいなー」、「産んで良かった！」等と思いながら育児にあたることが大事です。

母子手帳の３ヶ月頃には、身長、体重、首座りなどの項目の最後に「微笑みますか」との項目があります。子育て経験者に聞くと、首が据わるかは問題になるけれど、微笑むかどうかは、記入してなくても何も言われたことがないそうです。

「微笑み」とは、泣く、笑う、怒る等の他に複雑な感情表現ができることと考えます。「微笑み」がないということは、赤ちゃんが感情を押し殺している状態であり、表情が乏しい、笑ったところを見たことがない、泣いても悲しさが伝わってこないなどになります。つまり、喜怒哀楽の感情を押し殺しているのであり、赤ちゃんが生きている手応えを持つことができない状態であると言えます。

心の緊張が強いと言うことは、体にも緊張が見られる可能性があると思います。心身共に緊張とリラックスのバランスに片寄りのある生活が続くと、半年、1年後には、表情が硬く、くすぐっても我慢する態度を見せたり、転んでひどいぶつけ方をしても泣かなかったり、寝返りやハイハイの動きがぎこちないといった心身の硬さが見られることになります。

生後４～５ヶ月経っても、赤ちゃんに「微笑み」が見られなかったら、感情が動くように働きかけることです。この時期は、母親はじめ周囲の大人の雰囲気に大きく影響を受けるので、和やかな雰囲気が必要ですし、抱っこする大人は、赤ちゃんに優しく、微笑みかける気持ちが大切です。この時期の養育の中心は母親で、育児は大変ですが、赤ちゃんに関心を持って育児に臨むことが大切です。合わせて、母親が少しでもリラックスできる時間が持てるように周囲の気遣いも必要となります。

手がかりとして、母親は、次のような気持ちや態度がなかったか点検してみてください。「できちゃったー」、「産みたくなかったのに」、「社会から取り残される」、「皆から遅れてしまう」、「いつから預けて働こうか」、「育休中に読みたかった本や記事を読もう」、「テレビ見ながらあるいはスマホをいじりながら授乳していた」、「舅姑の顔色ばかり覗いながら育児をしていた」などといったことばかりが思い出されることがありませんか。赤ちゃんへの関心より、他事に母親の意識の多くが向いていたことはなかったでしょうか。つまり赤ちゃんへの関心がどれほどあったかが、問題だろうと思っています。

表情が乏しい子、空笑いする子、空泣きする子、甘えられない子、抱っこをすると反り返る子、落ち着きなく動き回る子、乱暴したり暴言を吐いたりする子などは、「感情を押し殺しているよ」と、SOSのサインを出していると理解します。くすぐるとくすぐったいと言って逃げていく子など、くすぐり合うことができない場合は、しっかり感情が動いていない可能性があります。ですから、このような子どもにはどうしたら、表情が出るのか、感情が動くようになるかが課題となります。

経験上では、くすぐって抱きしめることを毎日、1回数分間、必ず行うことです。これが、即効薬で特効薬です。少しでも早く腹の底から笑えますようにと願いながら、心を込めてくすぐっては抱きしめる関わり方を行い、子どもからくすぐったさが声に出るようにすることです。初めは、抵抗します。暴れたり奇声を発したり、「暴力を振るうな」と言って必死で逃げようとする子もいます。それを子どもが嫌がっていると、産みの親や育ての親が判断することがありますが、このときの「イヤ！」と「抵抗」の判断は慎重にしたいものです。「抵抗」は、緊張して触られたことに驚き、受け入れに困った反応で、気持ち良さとの違いが分かっていないと言えます。「イヤ！」が判るのは「（気持ち）よい！」が判っているときです。温かい人に頼って力が抜ける経験をすると、気持ち良く甘えられるようになるので「イヤ！」との判別ができます。

集団の場面では、「いじめているのではないよ、皆と同じように笑えるようになって欲しいからね」と子ども達に言いながら行うことです。周囲に子どもがいると、子どもの中には先生が「いじめている」と捉え、保護者に言うことがあるからです。中には、「イヤ！」と「抵抗」の違いが分からない親子もいます。

できることなら、くすぐり返しが起きることが望ましいです。じゃれ合っているその姿は、次の課題に入ったことを表していることになります。

ある保育事例検討会で、抱っこを求めてきた幼児がいたので、膝に乗せたところ、幼児は普通の抱っこではなく、保育者の両手と体を前屈みした、包み込むような姿勢の抱っこを求めてきたとの報告がありました。何気ない報告でしたが、その姿は、端から見たら妊婦に見えるので、お腹の中に入って、嫌な思い出を塗り替えたいかもしれないと思い、保育者には、しばらく内心そう思いながら関わってみることを助言しました。

1ヶ月後の報告では、その後、数回包み込むような抱っこを行ったところ、普通の抱っこで済むようになったとのことです。

数年後、同じ保育者から次のような報告がありました。何か気に入らないことがあると暴れる幼児の対応に困っていましたが、あるとき周囲の子どもにけが人が出てはいけないと思って、幼児の手をつなぎ、抱きかかえようとしました。少し暴れましたが保育者が抱きかかえるようにして、座り込むと、突然、幼児は保育者の股間に頭をぐいぐい押しつけてきました。ビックリしたものの、以前のことを思い出し、自分の腹に入りたいのかと思って受け入れました。そして、暴れることが収まったと思ったら、幼児はいびきをかいて寝てしまいました。ほんの数分のことでしたが、幼児はハッと目覚めて何事もなかったかのようにその場を離れていったとのこと。

そこで、先生のエプロンに入って遊ぶだけの子どももいれば、遊びとしてではなく、つらかった体験を塗り替えたい子どももいると理解しました。何度もエプロンに入りたい子どもの行動を「胎児返り」と名付けて、幼児の求めを受け入れるように助言・指導しました。その後、エプロン遊びで「胎児返り」した幼児は、エプロンから出るとバブちゃん（生まれたての赤ちゃん）扱いを求める事例が報告され、つらいお腹の中での体験を楽しいものに経験し直したいのだろうと考えるようになりました。

さらに、それをヒントにして、思春期の青年や大人がシーツをかぶり、気持ち良くなでてもらう事例報告が入るようになりました。何歳であっても、お腹の中でのつらい体験は気持ち良い体験に塗り替えたいものであると考え、これを「シーツ遊び」と名付けました。

胎児期につらい思いをした人には、幼児であれば「エプロン遊び」、学童以降大人には「シーツ遊び」を勧めます。この遊びを通して、癒やされると共に気持ち良い体験をすることで、つらい胎児体験をやり直すことができます。

〈エプロンあそび・シーツあそびの事例〉

多くの保育者は、保育中にエプロンを着用します。そして、子どもはそのエプロンの中に入って遊ぶことがあります。ほとんどの場合、子どもは遊びとして１～２回したらほかの遊びに移るのですが、これをきっかけとして毎日求めてくる子どもがいます。その場合は、子どもにとって遊びと言うより治療的要素を含んでいると思われます。

事例1：お腹の中の体験をやり直した事例①

落ち着きなく動き回る年中児に対して、ほかの子と一緒に保育者のエプロンに入って遊ぶ「エプロン遊び」をしました。子ども達を見ていると1～2回でほかの遊びに移る子どもと、それをきっかけに毎日長い時間エプロンに入りたがる子どもがいると分かりました。その中の1人ですが、給食の支度をする時間になったので、

保育者「また、してあげるから、一度お腹から出ておいで」
年中児「ダメ」
保育者「どうして？」
年中児「ちいちゃいから」
保育者「ちいちゃいからダメなの」
年中児「そうだよ」
保育者「○○ちゃんの分のお給食を食べちゃうよ」
年中児「いいよ、頑張って」

との会話をしました。保育者は内心で「この子はお腹の中でつらい体験をしていたの

かな。それはかわいそうだな」と思ったそうです。それから数回エプロン遊びをしましたが、自分から「出る」と言って、エプロンの中に留めようとする保育者の手を振り切って出てきました。すると、保育者に横抱きを求めて、「バブ、バブ」「ミルクほっちい」と言ったそうです。保育者は「ミルクはないけれど、ほ乳瓶でお茶を飲むかな？」と言うと、年中児は「うん」と言って、用意したお茶入りほ乳瓶をうまそうに飲み干したと言います。それを数回行ったら「もういいよ」と２度とそれを求めることはなく、子ども達の中に入って遊ぶようになったとのことです。

事例２：お腹の中の体験をやり直した事例②

保育者「先生のお腹、温かいかな」
子ども「温かい」
保育者「お母さんのお腹も温かいと思うよ」
子ども「冷たい」
保育者「ええ？　先生のお腹、冷たいと思うよ」
子ども「温かい」

保育者「お母さんのお腹、冷たかったかな」
子ども「冷たい」
保育者「それはつらかったね。よしよし」
こうした場合、保育者は、お腹の中でつらいことを経験していたのだな、気持ち良い経験ができたかな、などと理解しながら、子どもが満足するまで行うことです。

　こういったやりとりをすると、まもなくエプロンから出てきて、子どもはバブちゃんになります。年齢に関係なく保育者が子どもをバブちゃん扱いすると、子どもに成長・発達が始まります。子どもはすぐに年齢相応の姿になるのではありませんから、保育者はこの点で注意が必要です。

事例3：大人になってエプロン遊びをしてもらった事例

　養成校では成績優秀でしたが、保育に就くと、子どもと遊ぶことができない新人保育者の事例です。彼女は表情も硬く、笑顔も少なく、子どもを抱っこやおんぶすることができませんでした。また、母親にかわいがってもらった思い出も乏しかったといいます。これらの事情を理解した上で、子どもの育て直しに取り組んでいる同僚が、本人の了解を得て、「シーツ遊び」をしました。

1回目は、かぶせられた瞬間に怖いと思ったそうで、外されるとホッとしたそうです。2回目は、怖くはなかったそうですが、外されるとき、もう少し続けてほしいなと思ったそうです。3回目は、シーツをかぶせられたとき、ホッとするものを感じたそうです。

この経験を通して、彼女には表情に明らかな変化が出ました。緊張が取れたようで、肌に血が通い、若さを感じられるようになっていました。

事例４：シーツ遊びを経験して母親の育て直しに取り組む必要を考えた娘の事例

事例検討に参加していて自分自身がシーツ遊びを経験してみようと思い、信頼する先輩に頼んで経験しました。２度目は気持ち良く経験できたので、その経験を夫に話して、夫にもやってもらったところ、同じように気持ち良かったそうです。そこで、母親にしてもらったらどうなるだろうと思い、実家に出向きました。昔から耳掃除を母親にもしてくれていた母親に耳掃除をしてもらいながら、シーツ遊びの話をし、母親にもしてもらうことになりました。ところが経験した中では、最も気持ち良くなかったそうです。ある程度の予測はしていたものの愕然としました。母親は祖母に甘えたことが無いと聞いていたので、母親の終活のためにもいつかシーツ遊びをしてあげたいと思ったそうです。

甘えてホッとする経験がない人は、大人であっても、三つ子の魂の基本から経験すれば、人生のやり直し過程に入ることができます。この際、気を付けることは、シーツ遊びで満足した人は大きな赤ちゃん状態です。次には「場所見知り」、「人見知り・後追い」を体験していく必要があります。赤ちゃん時代のことは誰しも思い出せないように、ここでも同じことが起きます。誰にも相談することなく、その状態で違った世界を見たいと街へ出ようとしたり、転職しようとすることがあります。

育て直しに取り組む人は、育ち直りたい人が変わったことに安堵し、ふと気が付くと振り回されていると言うことが起きます。乳幼児の発達段階をしっかり分かっていると、大きな赤ちゃんだと思って「この人は今どの発達課題に挑戦しているかな」と関心を持ち続けることができます。

〈くすぐって抱きしめる方法の事例〉

事例1：わがまま勝手でキレやすい年少児

未満（2歳）児クラスのときは目立たなかったのですが、年少児クラスになって、ゴールデンウイーク明け頃から、年少児とはとても思えない荒れた言動をする幼児がいました。他にも同調する子どもがいて、クラスは崩壊状態。保護者からの苦情が園長の耳にも入っていました。幼児の保護者に園での様子を伝え、療育相談を受けるように勧めましたが、当の保護者は「保育料は払っているし、保育者は専門家だから園でなんとかして欲しい」と協力が得られなかったと言います。

そこで、当分、保護者指導は行わないで、幼児の育て直しに集中しようと提案しました。

幼児は、母親ないし保育者に甘えることができるかと保育者に聞いたところ、はっきりした返事はありませんでした。そこで、まず、幼児の発達チェックを勧めました。

幼児が保育者に甘えられるか確かめることを勧めたところ、1ヶ月後、抱っこすると嫌がるし、反り返るので、抱きにくいとの報告がありました。

そこで、保育者には、優しい人に甘えることは子どもにとって大事な経験であることを幼児に説明し、くすぐって抱きしめることを行うように助言・指導しました。具体的には、1日1回で良いので、数分間くすぐっては抱きしめ、幼児が人に甘えられるようにすることと、他にも荒れた言動が見られそうなので、そのときは言って聞かせるといった注意をするのではなく、その日2回目のくすぐって抱きしめることを行うことなど、少しでも早く感情がほぐれ、甘えられるようにすることが早急に必要であると助言・指導しました。

初めの1週間は、保育者は「○○君をいじめているんじゃないよ。くすぐったいことを分かって欲しいし、甘えられるようになって欲しいな」と言いながら保育中にくすぐっていました。このように言いながら行うのは、「今日も先生が○○君をいじめていた」と母親に言う子どもがいて、それを真に受けて園に苦情を訴えてくる保護者がいる可能性があるからです。

当初、幼児は抱っこしようとすると逃げるし、抱っこすると「痛い！止めろ！」と叫んでいました。しかし、くすぐって抱っこすることを、機会を見つけては行っていると、口では「止めろ！」と言いながらも逃げて行かなくなりました。他の子どもがくすぐり遊びを求めてくるので相手をしていると、逃げて行った先で見ているようになり、近づいてくるようになりました。さらに続けていると、保育者の膝が空いていると、自分から抱っこを求めてくるようになりました。抱っこされるようになったら、保育者はその子どもをかわいく思えましたし、幼児の動きにも落ち着きが出てきたとのことです。

その後、特定の保育者を独り占めするようになり、保育者を母親替わりに「人見知り・後追い」現象が見られ、さらに保育者を基地にして遊びに行くようになりました。ここまで育ち直る期間は、事例ごとの違いはありますが、入学前の子どもであれば、最短１週間という事例もあります。長く時間がかかっても40日くらいでしょう。

事例２：我が子（小学生女児）に頼んでくすぐってもらった母親

家事をしているとき、夫が通りすがりにおしりを触るのがイヤと、カウンセリングの途中で、つぶやいた母親がいます。男子中学生、男子小学生と女子小学生のいる母親です。あるとき、母親自身がスキンシップに抵抗があることが話題となりました。スキンシップに抵抗があることと「イヤ」と思うことは、使い分けが必要です。誰に触られても嫌という場合は、スキンシップに「抵抗」しているのです。スキンシップされて「イヤ」と思うときは、スキンシップしてくる人に不快感を持っている場合に起きるので、あなたには触られたくないという意味で、「イヤ」を理解できます。

スキンシップに抵抗のあるこの母親は、実は夫から捨てられるのではないか、夫が浮気するのではないかなどの不安を抱えていました。生育歴を聞くと、幼少時から甘えたことがないと言います。誰かにスキンシップしてもらう必要があると考え、誰にしてもらうか一緒に考えましたが、夫には頼めないと言いますし、ママ友にもこれといって思い付く人はいないと言います。そこで、小学生の女児に「お母さんもあなたのように、くすぐられたら笑えるようになりたい、お母さんも頑張るので、くすぐって欲しい」と頼んでみることを提案しました。2ヶ月ほどして、この件に関して母親に聞いたところ、くすぐられて笑えるようになり、娘とじゃれ合うことができていますと。すると、夫がおしりに触れることも「嫌！」と思わなくなったそうです。

大人が子どもに対してだけでなく、子どもが大人に対して行うこともできます。そして、このとき、くすぐる人はくすぐられて笑えることが大切です。誰でも機械的にくすぐれば、笑えるようになるものではありません。

事例３：母親が配偶者にくすぐってもらって感情が動くようになった事例

保護者会で私が子育て講話を行ったとき、謝辞として耳にした内容です。「私（保護者代表）はくすぐられても笑えませんでした。先生の話を聞くと、今までは問題なかったかも知れませんが、これから先も問題ないとは言えないと理解しました。そこで、夫に頼んでくすぐってもらいました。初めは嫌（抵抗）でしたが、数回すると、嫌さ（抵抗）が減っていきました。子ども達が父親にくすぐってもらい、キャッキャしていることに励まされるように続けていると、くすぐったさが楽しめるようになりました。今では家族４人でくすぐり合いっこができて、見違えるほど明るく楽しい家庭になりました」

この保護者は、私の子育ての話を聞いて夫によく頼んだと思いますし、夫もよく応えてくれて素晴らしいことだと早速、お礼を伝えました。

事例４：不登校からひきこもりとなった息子の育て直し過程でのこと

登校拒否からひきこもりの20歳過ぎた息子を持った母親は、グループカウンセリングが進んだあるとき「子どもを膝に入れている写真を見て愕然としました。どの写真にも育休中に読みたいと思っていた本や雑誌が映っていた」と話しました。その写真を見ることは本当につらいことであったと思いますが、育休中の子育てのありのままを認めることになりました。同時に、自分も母親（祖母）に甘えることをしてこなかったことに気づいたと言います。

しばらくすると、母親に笑顔が見られ、顔色が良くなっていることに気が付きました。そのことを話題にすると、同じ悩みを抱える仲間でくすぐり合いをするようになり、ハグもし合うようになったと聞き、仲間同士で、助け合うことができて良かったと思いました。

〈第1課題のポイント〉

ＯＫ事例

＊授かろうとし、授かったことに感謝し、愛おしい気持ちで育児にあたる

＊やさしくあやす

＊胎教

＊子どもに「微笑み」が見られる
＊感情（喜怒哀楽）に彩られた経験が重なり、思い出となる

NG事例
＊妊娠しちゃった、これで社会から取り残される、いつからあずけて働こうか、産みたくなかったのに
＊子どもには思い出が乏しく、事実は残るかもしれない
＊何を考えているか分からない。透明人間
＊頭で考え、動く
＊くすぐっても我慢したり怒ったりする

第2課題：安全・安心（場所見知り、身を守る感覚が備わる）

赤ちゃんは、生後3ヶ月頃には首が据わりますので、横抱きから縦抱きができるようになります。親にとっては抱っこしやすくなり、移動もしやすくなります。おんぶす

れば、両手両足が使えて、家事もできるようになり、近所に出歩きやすくなります。ところが、子どもにとっては、いつもの見慣れた部屋・場所から外に出ることになります。それは、冒険・探検に出かけるようなものです。赤ちゃんには、見るもの、聞くもの、触るものなどどれも初めてのことで「場所見知り」を経験することになります。

不安を覚えたときに、赤ちゃんは泣いて訴えたり、抱っこしてくれている人の胸に顔を隠したりなどします。このとき、赤ちゃんは何を訴えているのかなとあれこれ考えて、声を掛けてみることです。赤ちゃんの視線を追って、その関心に合わせて、抱っこしながら安心できるように説明することです。こうして赤ちゃんは、誰かに付き添ってもらって、新しい物事に慣れていくのです。

やがて赤ちゃんは泣き声を変化させて、何を訴えたいか教えてくれるようになり、母親は赤ちゃんの泣き声でそれを聞き分けることができるようになると言います。

家族以外でも親しみを覚える人もいれば、避けたいと思う人に出会うこともあります。また、あやされたり、慰められるだけでは安心感が持てないときには、いつもの人に抱かれて安心したり、いつもの部屋に戻って安心感を覚えたりすることがあります。こうしたことを繰り返すことで、赤ちゃんは人や場所に対して快感と不快感や、警戒感と安心感を養って、身を守る感覚を備えていきます。これが「場所見知り」です。

赤ちゃん１人で場所や人に慣れるようにしていると、時間がかかり、次の発達課題に移行できなくなります。そして、恐がりとか怖じけているなど年齢差が生じた姿を見ると、親はイライラしてしまいます。しかし、身近な人が説明して慣れるように関わってくれることで、安全な場所や感じのよい人の理解が早くなり、安心できるようにしてくれた人がいることを覚えます。そして、その人を通して好感を覚える人もでき、好きな人の順番が付くようになります。

この時期、ベビーカーを使用することに問題はありませんが、使用の仕方に注意が必要です。親より前、かつ低い位置で前を向いて進行しているとき、赤ちゃんはどのような気持ちで、移り変わる景色を見ているのでしょうか。ときどきは赤ちゃんの様子を覗い、声を掛けながら、時に休んで抱っこして、親はベビーカーを進行してほしいものです。

車ではチャイルドシートを使用しますが、これからどうなるだろうという赤ちゃんの不安を代弁し、「シートベルトを着けるよ。嫌だねー。窮屈だものねー」「すぐに泣かなくなったね。少しずつ分かってきたね」「窮屈で嫌でも、もしものときに大ケガすると嫌だね。だから早く慣れてちょうだい」などと、少しでも早く慣れるように声を掛けながら関わることです。

また、子どもを1人車の中において用事を済ますことはできるだけ避けたいものです。仮に子どもが寝ていたとしても、親が離れたことを察知して泣き出すことがあるからです。そして目覚めたときに誰もいなかったら、泣き叫べども誰も来てくれなかったら、赤ちゃんはどのような気持ちになるだろうと考えてみてほしいのです。

それでも実生活では、ほんの少しだからと1人車において離れることがあります。戻ったときに泣いていたら、直ぐに「ごめんね。泣いてもお母さんの声がしなかったのでびっくりしたのかな。ここにいるよ」と抱きしめてあげてください。

どのような人柄の人の世話になるかによって、赤ちゃんの体験が違ってきます。親に守ってもらうことが少なくても、顔見知りができて、その人が守ってくれながら生活経験を重ねることができれば幸いです。

この時期の赤ちゃんは、親や世話をしてくれる人に守られながら、身近なところで安全感・安心感を培っていくのです。誰も守ってくれない状態であると、赤ちゃんは何か気に入ったものをお守り替わりにして持ち歩くようになります。誰かれ構わず近寄っていくことも起きます。あるいは、頼っても誰も相手してくれないと、１人で乗り越えなくてはいけなくなり、フリージングを起こすこともあります。

〈安心感・安全感を培った事例〉

事例１：散歩に連れて出るが何かとすぐに泣き出す子どもに悩む母親の事例

我が子の首がしっかり据わったので、他の子どもにも慣れて欲しい母親は、子どもの声がするとそこへ連れて行くようにしました。しかし、子どもは、他の子どもの大声や犬の鳴き声が聞こえたり、そこにいる母親達に声をかけられると泣き出してしまい、連れて帰らざるをえない状況になりました。他の子ども達に慣れて欲しいと思って出かけているのにどうしたものかと悩んでいると言います。

子どもは、表情は普通にあり、周囲を良く見ているとのこと。家の中でもビックリしたり、怖いだろうなと思われるときには、泣き出したり抱っこしている母親やおばあちゃんにしがみつくそうです。

近所に連れて出るときの様子を丁寧に聞くと、母親は急いで皆のいるところに行って慣れさせようとしているようでした。子どもの様子を見てから近づこうとしなかったり、子どもが泣いたときには泣かないように言っていたそうです。そこで、少し離れたところから遊んでいる様子を見ることから始め、子どもの様子を見ながら徐々に近づくようにしたり、驚いて泣いたときには抱きしめて安心したのを見計らってから、おおよその見当を付けて説明するように助言・指導しました。

例えば、「普段あんまり泣いたことがない子犬が、あんな大きな声で泣いたのでビックリしたかな。大丈夫だよ！抱っこしているから」「また、鳴いたね。びっくりするね」子どもがおばちゃんを見ていれば、「また見たね」「この間、抱っこしてくれたね」などと声をかけてみることです。

事例２：親子教室へ連れて行ったときに母親から離れないと悩む母親の事例

１歳半の幼児を公園デビューさせようと思い、子どもを連れて出掛けるようにしたのですが、親子教室では母親から離れようとしませんし、自由に遊ぶことのできる幼児向けの遊技場へ連れて行っても遊ぼうとしません。他の子どもは母親から離れて遊具で遊んでいるのに、どうしたらよいか母親は悩んでいると言います。

生育歴を聞くと、人見知り・後追いが済んだところで、家や友人宅では母親から離れて、おもちゃを取りに行って遊んでいますし、おもちゃの取り合いになることもあると言います。さらに親子で出掛けたときの様子を聞いてみると、母親は何度か連れて行っている場所で、遊んだことのある遊具もあり、顔見知りの親子もいるので、子どもの背中を押して遊ぶように勧めているようです。そのときの子どもの様子を聞くと、子ども達の遊んでいる様子は見ていますが、遊び出そうとはしないそうです。

そこで、母親の努力は認めつつ、子どもへの声掛けについて聞いてみました。例えば、出かける前に「○○へ遊び行くよ」とか、会場に着いたら「○○だよ。思い出したかな」、あるいは「どれで遊ぼうかなと考えているの」「○○で遊んでいいかなと思っているの」など子どもの様子を見ながらその気持ちを推しはかって声をかけているかと聞いたところ、母親は「場所は違うけれど、慣れた遊具やおもちゃばかりだからすぐに遊び始めると思っていた」とのことでした。

その後の報告では、助言・指導の通りに子どもの様子を見ながら、一緒に遊ぶつもりで声を掛けてみたら直ぐに遊び始めたとのこと。何回か後には、会場に着くと1人で遊具で遊んだり、おもちゃを持ち出したりして遊ぶようになったとのことでした。母親は子どもを遊具のある場所に連れて行けば、子どもは遊ぶものだと思っていたようです。

事例3：実家に戻ったときの1歳10ヶ月児の言動の事例

知人からの報告です。第2子の出産で、当時1歳9ヶ月頃の長女は父親と一緒に父親の実家で過ごすことになりました。1週間ほどしてから妹と母親も交えて家族4人が実家で1ヶ月過ごしてから、自分たちの家に戻ったときのことです。車が駐車場に入ると、長女は何やら叫ぶように言ったそうです。はっきりと聞こえてはいなかったのですが「戻ってきた！」というニュアンスであったそうです。車から降りるとさっさと家に入り、一目散でおもちゃ箱に近づき、一つひとつ「あった！」と言いながら取り出して、全部点検したそうです。親は驚いたように見守り、全部を出し終えてから長女と再び箱に収めたそうです。

自分の大切なものをちゃんと覚えていてあるかどうか確認する、この長女の言動には子どもの育ちについて学ばせてもらいました。この話を聞きながら、2歳前であっても、子どもは何も分かっていないのではなくて、大人になる道筋に沿って成長・発達していると思いました。

事例４：登校していないと学校から親に連絡があって探した不登校事例

中学1年の2学期になって、女生徒は登校を渋ることが増え、遅刻することもありました。親は、学校は何があっても行くところと思って、時には車で送っていました。ある日、登校しているものと思っていたら、学校からの連絡で登校していないことが分かり、親と先生で探しまわり、夕方になってやっと見つけました。そこは、家の裏山に横穴を掘って根菜類などを保存しているところでした。そこに、女生徒は布団やラジオ、お菓子を持ち込んで横になっていました。無事に見つかって親や先生は安堵したものの、これからどうしたらよいかと相談がありました。

親に女生徒の生育歴を聞いてみたのですが、親は家を早く建てたくて女生徒を乳児保育から預けて働いていました。保育園では何も言われたことがなく、小学校へ入るまでのことはほとんど思い出せませんでした。そこで、赤ちゃんが大人になる道筋を説明したところ、途中から母親は涙を流しながら説明を聞いていました。そこで母親には、女生徒にとって今の家より横穴の方が安心できる場所と言えるので、まず女生徒に謝り、これからやり直そうと話してみることを勧めました。

その後の報告で、母親は子どもに謝り、家の中で寝て欲しいと言ったところ母親に抱きついてきたそうです。その日から今まで寝ていた部屋で寝るようになったとのこと。その後は母親が来談して育て直すように取り組みました。中学2年になって支援教室に通い、2学期からはクラスに入って授業を受けるようになりました。

事例5：飲酒運転する父親を心配する園児の母親からの相談

ある園児の父親はよく働くので、母親は経済的には心配していません。しかし、飲酒運転で帰宅するとか、飲酒して車の中で一夜を明かして仕事場に向かうので、母親は心配で仕方がないと、保育者に悩みを打ち明けました。それを聞いた保育者からは、どうアドバイスしたら良いか相談がありました。

母親は自分の実家に度々出入りして、自分の祖父母との関係も良好のようです。父親は自分の実家に行くことがなく、母親が勧めてやっと顔を出すといった状態とのこと。

これらから、父親は孤独で、孤立しているのではないか、ただ働いている状態ではないかと思われましたので、それを母親に説明すると、母親は父親の孤独感を理解できるのではないかと考えました。

育て直しを勉強している保育者は、早速、母親に話してみたそうです。保育者の話を聞いて、母親は父親が寂しい人であるとは何となく分かっていたようですが、父親の気持ちをはっきり理解できたとのこと。母親は、父親が自分や子ども達にとって必要な大事な人であると思っていること、父親の飲酒運転を心配していることを伝えると、父親は理解してくれたようで、やがて飲酒運転をしなくなり、帰宅したときの表情が良くなってきたそうです。母親は父親の寂しさを理解していなくて、申し訳なく思ったとのことです。

事例6：不登校中での潔癖症状態について

不登校となって1年が過ぎ、中3になって担任の訪問指導を受けていましたが、担任の訪問を拒否するようになったため、来談したものです。生育歴を聞くと、マイホームを早く持ちたいということで、生後3ヶ月で知人に預けて働きに出て、子どもが中学に入る頃、念願のマイホームを手に入れました。ですから、子どもの幼少時代のことは知人や保育園任せで、ほとんど思い出せないとのことでした。大人になる道筋を説明したところ、母親は「産み落としただけだ」とつぶやいていました。

母親は早速パートを辞めて、まず、3食を作り、子どもに食べるように促しましたが、初めは母親を避けて自室で食べていました。しばらくすると、台所で食べるようになり、母親を避けなくなりました。汗をかいたとき背中をタオルで拭くなど、それとなくスキンシップを取るように関わったところ、元気が出てきて庭にも出歩くようになったのですが、3ヶ月ほど前から少しでも外に出て戻ると、その度に玄関で靴下を替えたり長い時間水道を流しっ放しで手を洗うようになりました。

母親は、そこまで靴下を替えなくて良いとか手洗いを早く切り上げるようにと何度も注意しましたが、言うことを聞いてくれないので困っていると相談がありました。

これは潔癖症の状態になっているとも言えますが、安心感が持てないで苦労しているとも言えます。関わり方としてはスキンシップを取りながら子どもの気持ちを代弁するようにと伝えました。例えば、「汚れたと思うのね。履き替えて気持ち良くなったかな」「まだ汚れていると思うのね」「そろそろきれいになったかな」等と声掛けしてみるように助言しました。

２ヶ月後、その後の報告がなかったので、母親に聞くと、助言された通りに声を掛けるようにしたら１ヶ月ほどで、収まったとのことでした。

〈第２課題のポイント〉

ＯＫ事例

＊首が据わり、縦抱きができ、移動しやすくなる

＊いつもと違った場所に行ったり、いつもと違う人に出会ったりすることになる

（子どもは不安げに周囲を見ており、自分の関心事に説明を受け、あやしてもらって、安心する。いつものところ、いつもの人に会って安心する。守られながら慣れていく）

＊場所見知り

ＮＧ事例

＊子どもの動揺に関心を持たず、一人で対応させる

＊ここで安心？　誰といると安心？　どこで安心？

＊一人で耐える。いじられキャラ

＊これさえあれば安心。強いこだわり、依存状態

第3課題：1人ではない・家族の基礎づくり（人見知り・後追い）

ここでいう「人見知り・後追い」とは、日本で昔から使われている内容のものであることを理解してください。「家の孫にも人見知りが始まった。孫に母ちゃんが見つかって良かった」と祖母は言ったものです。赤ちゃんの好きな人の中で順番付けが起きると、間もなく突然のように「母親が大好き」、「母親でないとダメ」といった現象が見られるようになり、母親を独り占めするようになります。これが私の言う「人見

知り」です。

今まで父親と一緒に入っていた入浴も嫌がったり、父親を見ると母親にしがみついたりするようになります。見慣れない人や怖そうな人を見て避けたり、母の陰に隠れたりすることも「人見知り」の一部です。このとき、母親は「大好きな人」に選ばれたことを喜び、母親も子どもに「大好きだよ」と声を掛けるのです。母親はこの子を置いて死ねない、この子のためにがんばるという気持ちになります。

そしてこの瞬間、一時的に、子どもにとって父親は「最初の他人」状態となります。このとき、母親と父親は仲が良いことが重要です。大好きな母親とどのような関係の人かを子どもは見て、仲良くしても良いと判断できたとき、再び父親に抱かれるようになります。こうして「家族」の基本ができていきます。この時期の「人見知り」では、子どもは大好きな母親を通して母親の人間関係を直感的に取り入れます。一方、保育者が母親代わりとなって「人見知り」が起きると、その保育者の人間関係を取り入れることになります。

次に、「後追い」です。「後追い」が起きるには、赤ちゃんに大好きな人が見つかっている必要があります。母親だから起きるのではなく、子どもにとって母親が大好きで、ものすごく頼っている人だから、少しでも見えなくなると、心細く不安になるのです。そのときの母親の応答が「後追いの卒業」に深く関わります。

母親は、子どもに黙って視野から外れるような行動をしないことです。家の外に出るわけでなく、隣の部屋だから良いのではありません。子どもから離れるときは「お母さん、ちょっと台所に行ってくるね。お茶持ってすぐ戻るよ」と言っても、子どもは待っていられません。すぐに泣き出すか、後を追い始めます。子どもには、大好きな母親がいなくなる不安、見えなくなったら自分がどうなるかといった不安が起きるのです。

そこで、母親の関わり方としては「ちょっとでもお母さんが見えないと心配になるのかな。じゃー、一緒に行こう」と連れて行くことです。何回か繰り返すと、「ちょっとってどのくらい」「台所に行くとはここのことか」と分かってきます。そこへ、母親が父親と仲好しと分かると、父親が一緒なら待てるようになります。

こうして子どもは、大好きな人である「お母さん」は「嘘つかない、騙さない、見捨てない」と分かります。そして「自分は１人ではない」とはっきり分かるようになります。その母親と良い関係の人「父親」は親しくしても大丈夫で、母親が避けている人は自分も避けた方がよい人と理解するようになります。こうして、自分には、大好きな母親と大好きな父親がいる、すなわち「心のつながった家族がいる」と分かるようになります。

子どもが健やかに育っている場合には、生後６ヶ月から1歳頃にこの発達課題を経験します。そして、この経験は、３歳過ぎると友達選びの基礎となるのです。

人に対する好き嫌いがなく、誰とでも遊ぶから、「社交性があって、社会性がある」と思っていると、それは大きな誤解が始まっていることになります。子どもは誰を好きになったら良いか分からず、大好きな人が見つかっていないのです。「後追い」現象では、泣き別れが見られなくなったから「発達課題を達成した」と判断しないでください。子どもは「お母さんは自分勝手だ」とあきらめている可能性が高いです。それだけでなく、人を信頼するといつか離れていくので大好きになることを躊躇（ちゅうちょ）するようになります。

「人見知り・後追い」は母親との間でのみ経験することではありません。乳幼児の場合は、保育者を母親代わりとして「人見知り・後追い」を経験することもあります。母との間で「人見知り・後追い」経験をしていない子どもにとって、母なるものに初めて出会ったことになります。子どもは代理母で「人見知り・後追い」を経験すると、不思議なもので実の親を求め、実の母親に甘えていきます。このとき、保育者は少し寂しいものを感じますが、子どもが母親に受け入れてもらえるように助言・指導することです。

そしてこのとき、母親には母親自身の「人見知り・後追い」体験があったかどうかが問われます。母親自身が甘えるとか独り占めするとかの経験をしていないと、例えば「お兄ちゃんだから」とか「来年小学校に行くから今さらおかしい」とか「暑いから」などと理由を付けて、甘えてくる子どもに戸惑い、拒んでしまいます。そのような母親には、母親の言い分を聞いてみることです。自分に甘える経験がないことを認められるように保育者は関わることです。自分から積極的に子どもを甘えさせることができなくても、保育者からの助言・指導があれば、甘えてくる子どもを受け入れることができるようになります。子どもにしがみ付かれて、母親は「大好きとはこういうことか」と経験するようです。

事例１：人見知りに悩む母親からの相談

生後７ヶ月頃、それまで一緒に入浴していた父親を拒むようになりましたので、母親は「人見知り」が始まったと思ったのですが、父親はあくまで一緒に入ろうとしたので困ってしまいました。祖母（母親の母）に相談したところ「あなたもそうだったけれど、少し時間が経てばまた父親と入浴するようになるから、無理しないことでしょう」と言われました。そのことを父親に話したところ理解してくれました。

そこへ義母が久しぶりに訪れ、孫を抱こうとしましたが、子どもは義母を避けて母の陰に隠れました。義母はせっかく来たのに抱けないのかとがっかりしたようでし

た。母親として、どうしたらよいかという相談でした。

父親も「人見知り」の経験がないようでしたので、義母も「人見知り」の大切さが分からないだろうと思われます。幸い、父親はある程度の理解をしてくれたようでしたから、次の義母の来訪までに父親から、自分の経験を話して、「人見知り」が起きているので直ぐに抱こうとしないようにしてほしいと話してもらうように頼んでみることを提案しました。

1ヶ月ほどして、父親を避けることがなくなり一緒に風呂に入るようになったので、そのことを義母に伝えたところ、次の訪問を楽しみにしていると返事があり、理解してくれたとの報告がありました。

事例2：後追いが課題達成できなくて困っていた母親からの相談

まもなく3歳になる女児の後追いが激しく続いていて困っていると、母親が相談に訪れました。例えば、2階の掃除に行くと、降りてくるまで階段の下で泣き続けていると言い、近くの団地を見ても、うちのような子は見当たらないと言います。

そこで、生育歴を聞くと、微笑みはあり、首が据わってからは抱っこして近所を散歩し、子ども達がいるところで様子を見たりしていたそうです。人見知りが始まってから母親を独り占めし、その後、後追いがずうっと続いているとのこと。

生育歴では、年相応の発達をしていると見立てましたので、後追い場面を詳細に聞きました。同じ部屋にいるときは、後追いすることはないそうですが、2階の掃除に行くために掃除機を持って上がると、子どもは泣き出すと言います。2階に上がるとき「今から2階に行くけど、どうする？」と断りを入れないと言いますので、一言、声をかけてから上がるように助言・指導しました。すると、母親から「いちいちそのようなことを言うのですか？」と言われてしまいました。子どもに声を掛けると、初めは付いて行くと主張しますが、そのうちに付いて行くか遊んで待っているか迷いが出てくると思います。1週間後の面談では、3～4日は母親に付いて2階へ上がったそうですが、その後、迷いが出てきているとのこと。引き続き断りを入れるようにして子どもの反応を見るように助言しました。さらに1週間後には、階下で遊んで待っていることもできるようになったとの報告でした。

子どもは、自分は自分、母親は母親、母親が見えなくても心はつながっていると分かったのでしょう。後追いの課題が達成できたと言えます。

事例３：スマホで遊ぶ３歳児を心配する母親

1歳頃から子どもが泣き止まないときや家事で忙しいときに、スマホを見せて落ち着かせていました。しかし、3歳頃からはゲームにも関心を持つようになりスマホで遊ぶことが多くなったので、子どもがスマホ依存症ではないかと心配になった母親からの相談です。

生育歴を聞いたところ、生後3ヶ月の「微笑み」はあり、かわいいなあと思ったとのこと。ベビーカーを使って出かけたりしましたが、できるだけ抱っこするようにしていたそうです。7ヶ月頃、それまでは誰にでも抱っこされていましたが、抱っこは母親だけになり、父親とも風呂に入らなくなって、母親は負担で困ったことが思い出されると言いました。周囲には母親を独り占めする子どもは見当たらなかったので、うちの子がおかしいのではないかと思ったそうですが、半年位したら父親とも風呂に入るようになりました。これが「人見知り」です。

「後追い」については、母親を追ってトイレの中に入った時期もありましたが、父親が居れば父親と待つこともできるようになったとのことです。

現在、スマホはやりたがりますが、食事に呼んだり買い物に行くと言えば「ちょっと待って」とか「分かった」と言ってスマホを切り上げていると言います。これらから、第3課題を達成していると思われますので、スマホがお母さん替わりになっているのではなく、スマホは道具となっていると言えます。スマホ依存症になる心配はないと思われると所見を伝えたところ、母親は合点がいったようです。

園児の中には、母親との間で「人見知り・後追い」を経験できないまま保育者と出会うことがあります。保育者が母親代わりになって保育に取り組むと、保育者に甘えるようになり、保育者を独り占めし、保育者を基地に遊びに行くようになります。これは、代理ママによる「人見知り・後追い」の経験になります。

その後、子どもは産みの親である母親を求め、母子関係の形成に取り組みます。母親自身に「人見知り・後追い」の経験がない自覚があったり、「人見知り・後追い」が子どもに必要な体験であると思えると、子どもは母親に受け入れられ、代理母から母親への移行がスムーズに行われます。

しかし、母親や保育者が、自分自身と向き合うことを避けている状態だと、「妬みの心」が渦巻きます。それは、母親の「お兄ちゃんだから甘えないの！」「来年学校に行くのに今更なにしているか」などや、保育者の「幼稚園は甘えるところではありません」「年中や年長になったら甘えることをしません」などの言葉に現れます。このように言うのは、本人が甘える経験をしていないことを受け入れられないか、孤独な生活をしていることを認めたくないからだと理解できます。保育者や、専門家と周囲から見られている人であっても、甘えることを知らないで頑張って生きてきたと思われる場合があるのです。

保育者は、お母さんの生育歴を聞いて、そのつらさを認め、「人見知り・後追い」は、大人になるために大切な経験であることを伝えてみてください。また、同僚のヤキモチには、職場の人間関係が関わってきますので、悩んでしまうこともあると思いますが、子どもが隙を見て抱っこを求めてきたら、その瞬間に心を込めて抱きしめることです。

事例４：保育者の独り占めが連鎖した事例

自分の思い通りにならないとかんしゃくを起こし、物や人に当たり散らす年中児の担任からの相談です。抱っこしようとすると逃げたり、抱っこすると反り返ったりする子どもに対し、人に甘えられることは大事なことだと言って、くすぐって抱きしめることを1日に1回、数分間行うように助言・指導しました。

早速、保育者が園児に関わってみたところ、2週間ほどして笑い出したと思ったら急に言葉数が増えて、自分から「抱っこ！」と求めてくるようになりました。そして抱っこすると、他の園児も保育者に寄って来るようになりました。すると、保育者にしがみ付いたり、近づく子に「来るな！」と叫んだりするようになりました。保育者に甘えようとする子どもが数人出てきて、膝の取り合いになったので、抱っこを求めてくる子ども一人ひとりをよく観察して、独占したい子、待てる子、譲れる子などを見分けて、それぞれに対応するように助言・指導しました。

一時、年中クラスは混乱状態になりましたが、甘えたいときには甘えさせてもらえると分かってくると、半年くらいしてクラスは落ち着き、かえって先生の言うことに耳を傾けるようになったとのことです。

この場合、子どもは、本来は母親との間で生後6ヶ月から1年ほどの間に経験する「人見知り・後追い」を保育者で経験したことになります。そして、保育者を独り占めしたい子ども数人の育て直し保育をしたことになります。

事例５：不登校のキッカケを母親に話した中学生の事例

小学校高学年から友達関係が上手くいかず登校しぶりがあり、小学５年の時には一時期「死にたい」と言っていたこともあります。中学１年の夏休み前になって全く登校しなくなった子どもの母親からの相談です。

いじめがあったらしいことに母親の関心が向いていましたが、一通り母親の思いを聞いてから、生育歴を振り返ってみました。すると、１歳年下の子どもに手がかかり、あまり抱っこしたことがなく、本人も抱っこを求めることがなかったとのこと。そこで、関わり方に不足があったことを子どもに詫びて、スキンシップを取ったり添い寝をしたりするように勧めました。

初めは母親から添い寝をするようにしましたが、やがて、本人から添い寝を求めるようになりました。すると、弟ばかりかわいがられていて我慢していたことや、いじめられていたことを話してくれました。その後、本人から添い寝しなくて良いと言いだし、日常生活でも元気が出てきたと言うことです。

自分が1人で我慢してきたことを母親に話せるようになると、元気が出てくるものです。この場合、つらい話を聞いてもらえたことで、「1人ではなくなった」ことを実感したと理解します。中学生になって不登校を経験したことをきっかけに第3課題の「人見知り・後追い」体験をしたことになると考えます。

事例6：不登校の中学生の相談中に「後追い」を経験させた母親

不登校中の中学生の娘を持った母親に、帰宅の約束時間に間に合いそうにないと思ったら、気が付いた段階で娘に電話するように助言しました。そのとき、母親は「中学生になってもそのような赤ちゃん扱いをしなくてはいけないのか」と思ったそうです。

数ヶ月経った頃、母親はそれを思い出し、何度か途中で電話をしたそうです。すると、帰宅したときの娘の表情や態度に生き生きとした元気があることに気が付いたと報告がありました。母親は、先生に言われたことが、中学生であっても必要なことだと分かったと言っていました。

これは中学生に必要なことではなくて、人としての基礎経験ができていない場合は何歳であっても必要なことである、と解説しておきました。

事例7：息子のひきこもり相談でのこと

大学を卒業して、一度は就職したものの人間関係に疲れて退職。以来ひきこもっている息子がいるが、今からでもやり直しできるかと、乳幼児親子向けの講演を終えた私に母親から相談がありました。

私は、即座に「出来る！　今の話を聞いて思い当たることがあるでしょう。まず、自立させられなかったことを息子に詫びること。その上で、経験不足の乳幼児体験を今から経験させてあげれば、生きる力が付くだろう」と手短に返事をしました。

後から聞いたところによると、その日のうちに母親は息子の下宿を訪ね、まず、自立されられなかったことを謝ったそうです。息子は「お母さん、僕のことに興味がないと思っていた」と言い、それを聞いて母親は愕然としたと言います。その後、1ヶ月後の私の講座に参加する予定の母親に、息子は、「そこまで僕のことを心配してくれるのか」と言って、見送ったそうです。そして、そのときには、自分で仕事を探して就職していたと聞きました。

事例８：保育者が母親替わりをして母親との関係改善をした年長児

５歳児の担任からの相談です。年中組の後半の頃、全体に話す場面で、自分勝手な言動が目立つ子どもがおり、クラス運営が難しいと聞いていました。年長になって、実際にその子どもを担当することになり、初めはおとなしく皆と一緒に行動していたので、年中組時代のことを忘れていましたが、クラスが落ち着き始めた頃から、自分勝手な言動が出てきました。小学校に入るまでに先生の指示に従えるようにしたいと思い、視線を合わせて注意するようにしたのですが、その場はしおらしくしても、かえって荒れが目立つようになり、どうしたら良いかというものでした。

両親が共働きのため1歳から在園しており、延長保育も受けていました。発達をチェックしたのですが、しっかり甘えた経験がなさそうでしたから、注意するときにはまず膝を貸すか背中でもさすりながら園児の気持ちを聞くようにと提案しました。

それを実行したところ、１ヶ月後には、スキンシップを取ると抱きついてくるようになりました。そこで、担任は、母親替わりをしてみようと思い、しっかりと抱きしめるようにしたところ、独り占めされるようになりました。その後、独り占めを認めて抱っこを続けると、保育者の所在を確かめながら遊びに出るようになりました。母親がお迎えのとき、「この頃甘えてきて困る」と相談がありましたが、園での経過と様子を伝えたところ、母親は「自分は甘えたくても甘えられなかった。羨ましいが抱っこします」といって別れました。数日して、年長児から「お母さんが抱っこしてくれた」とうれしそうに報告がありました。

自分を見捨てない人に出会うと、急に元気が出てくるものです。それには、母親が自立するように関わってこなかったことを子どもに話して詫びることです。それを聞くと1人でなかったことに気が付いて、過ぎたことにこだわることなく、今から頑張ろうという前向きな気持ちが出てくる場合が多いようです。

ここまでの発達課題を達成すると、「1人の人としての基礎」が培われたことになるとともに「家族の形成」の基礎ができたことになります。

〈第３課題のポイント〉

ＯＫ事例

＊人見知り現象；子どもに大好きな人として選ばれたことを誇りに思い、自分の人間関係を分かってもらう

＊子どもは大好きな母親の人間関係を取り入れる。「父親は最初の他人」となるが、母親と仲が良いことで受け入れていく

＊後追い現象；親や育ての親は、子どもを騙さない、裏切らないことで、信頼関係が生まれる。育ての親で経験してから産みの親を求めて本来の親子関係が成立する場合もある。後に、１人の人間の基礎ができ、家族の形成と友達づくりの基礎経験となる

ＮＧ事例

＊人見知り・後追い経験がないと、親子の関係は疎遠であり、共に不幸である

＊誰を好きになり、誰を遠ざけたら良いか分からない

＊嘘をつく、言い訳が目立つ

＊せっかく親しくなってもいつかは離れていく。友達ができない
＊職場での人間関係に疲れる

第4課題：言葉の理解と言葉でのやりとり（イヤイヤ期が始まるとも言われるが…）

日本では満1歳頃からの子どものしぐさを「口より先に手が出る」時期と言ってきました。「口」とは言葉であると考えます。子どもが自分の感情・行動・意思を言葉につなげ、言葉で表現し、言葉を使ってやり取りすることができるようになると、「手より先に言葉が出る」ようになります。

そうなるために、親や育ての親はどのように関わると良いでしょうか。子どもの様子を見て、子どもの感情・行動・意思を、子どもに向かって言ってみること、すなわち「代弁」することが大切です。

1歳頃は行動半径も狭く、動作もおぼつかないので、子どもの周囲の環境を整えて、母親は家事に勤しむことがあります。後追いからの卒業に苦労してきた母親にとっては、子どもが1人で遊んでくれるようになれば家事もこなしやすくなりますが、その

合間をぬって子どもの相手をすることが大切です。

実際には、子どものしぐさを見て、それを言葉で言ってみることです。何でも口に入れるようになりますので、「○○を口に入れているね」「お腹すいたの？」「食べようとしているの？」と。そして、子どもの反応を見て、次の声掛けをするのです。「○○は口に入れるものではないよ。お口から出して。分かったかな」「それも確かめてみるの？」「今度は噛んでいるね。お腹すいたの？」子どもはちらっと見たり、頷いたりしますので、それを確かめてから、「それなら、これをどうぞ」と食べられるものを差し出すのです。このようにすると、子どもは自分のしぐさを言葉につなげて理解するようになります。言葉が耳に入ってくると、子どもは視線を合わせたり、頷いたり、首を振ったりして、返事をしてくれます。親や大人は子どもが頷いたときに、子どもの反応に合わせて一緒に頷くのです。首を振ったときには、同じように「違うのね」と言って首を振るのです。言葉での返事がなくても、目が合ったり、頷くように言っ

て見せたりすることで、子どもと気持ちのやり取りができるのです。

繰り返して関わっていると、やがて子どもは「ウン」「ウーウン」「えーと（首をかしげる）」など返事をするようになります。このとき、子どもがしっかり自分の気持ちを返すことができるように、もう一度声を掛けても良いのです。これが「言葉」を使っての「やり取り」の基礎です。

言葉でのやり取りは、生まれたときから声を掛けながら育児することで始まっていますが、特に、1歳から2歳半頃までの時期には、自分の行動や感情を言葉とつなげて理解し、言葉を覚え、言葉を使って「やり取り」することが育児の中心課題となります。

ところが、声を掛けないで子どもを1人で遊ばせておくと、数ヶ月後、親が困るような状態になります。母親がおもちゃを片付ける端からおもちゃを次々と出して遊ぶようになります。一般的に親は、片付けるように言ったり、片付けてから次の遊びに移るように指示しますし、親の言うことに従えなければ、子どものやりたいことを禁止したりします。すると、子どもはますます「イヤ、イヤ」と言って親に従いません。

世間ではこれを「イヤイヤ期」が始まったと捉えることが多いですが、本当にそうでしょうか。子どもはイヤイヤをしたいのでしょうか。この頃からしつけが始まりますが、言葉を覚えたり、使ったりしてやり取りをする基本を身に付ける時期ですから、しつけ方には、「口・言葉が先に出る」ような工夫が必要です。

また、１歳半頃になると、親や上の子の真似をしたくなります。小さくてまだ無理と言っても、聞き入れることができません。子どもは自分の気持ちが生かされませんので、「自分で！」「イヤ！」などと自己主張をすることになります。こんなときは、たとえ失敗して親の仕事を余分に作ったとしても、子どもにやらせてみることです。できるところまでやらせてもらったり、失敗する経験をすると、子どもは今の自分ではまだ無理かなと思えるようになり、どうして失敗したのか、どうするとうまくできるのかなど教える機会になります。そして、親の説明に納得がいくようになり「イヤ、イヤ」を連発しなくなるのです。

子どもと気持ちのやり取りをする関わり方をしないで、１歳過ぎて動くようになってから親が困るときだけ指示、命令、禁止する言葉掛けをすると、子どもは「イヤ！」と言うことでしか自分を出せなくなってしまいます。しかも、指示、命令、禁止の言葉がけは、親の都合で話し掛けているので、子どもが言葉で理解することにつながりません。

1歳半から3歳頃までを「イヤイヤ期」と言いますが、昔は「第1反抗期」とか「自我の芽生え」とも表現していました。ですが、これは、子どもの成長・発達を踏まえた名称ではありません。この名称を使っている親や育ての親は、自分自身の「やり取り」のありのままと向き合ってみてほしいものです。

しかも、1歳半頃から2歳半頃までと2歳半以降とでは「イヤイヤ期」の内容が違います。2歳半以降については、次に述べます。

2歳頃になると、言葉でのやり取りが応答次第で長続きするようになります。そのとき子どもには、どのように思ったか、どのように感じたかに関心を持って、言葉を投げ掛けると良いでしょう。教えたことのない言葉やどこで覚えたのだろうと思う難しい言葉を使って、話をしてくれることもあります。

また、大人の話に割り込んでくることもあり「どうして？」とか「それ、何？」等と尋ねるようにもなります。言葉で理解しようとしているのですから丁寧に応答しましょう。これは後に、小学校での作文力につながると思います。

この時期、親や育ての親が子どもに指示、命令、禁止ばかりの声掛けをしていると、子どもは自分の体験とつながった言葉を覚えることができません。子どもは、親等の顔色を覗って行動するようになり、それが、「指示待ち症候群」と言われる状態です。子どもなりに気を使ってお手伝いしようとしても、親の都合に合わなければ、叱られるという経験ばかりだと、言われるまで動かない、言われたことだけするようになります。

一方、親に言われたその瞬間に、物や人に当たったり、頭突きをしたり、暴言を吐いたりする場合もあります。キレやすい子どもや大人（ＤＶ、虐待、いじめなども含む）は、自分の気持ちが言葉につながらなくて苦しんでいる状態だと思います。

これは自分の言動を言葉につなげる関わり方をしてもらっていない結果で、親や育ての親が子どもの気持ちを確かめないで、自分たちの都合だけで子どもを動かそうとしているところに問題があります。

あれやこれやと聞いても、子ども自身でもどうしたいのか良く分からないときもあります。そのときは「そんなときもあるよね。少し考えてみて」等の声掛けをします。

また、子どもによっては、眠くなっていることもあるでしょう。この段階では、親や育ての親は、あくまで、子どもの気持ちを推察して話しかけてみることを忘れないことです。

事例1：小さな子が、コップでミルクを飲もうとして頑張る場面

1歳前後では、コップが持てる手の大きさや力がありませんが、子どもは親のしぐさや兄姉らが飲んでいる姿を見て、自分も1人で飲もうとコップを引き寄せることがあります。

そのとき、ほとんどの親は「まだ、小さいから無理だよ。飲ませてあげるよ」とストロー付きのコップを口に近づけたり、親が手を添えて飲ませようとしたりします。しかし、子どもは嫌がったり怒り出したりします。親がいくら「1人でコップを持って飲むことは無理だ」と繰り返しても、子どもは納得しません。

こんなとき親は、親の気持ちを言う前に、子どもの気持ちを確かめることです。子どもに「お母さんのように1人で飲んでみたいの？」「お兄ちゃんと同じようにした

いの？」などと言ってみることです。子どもの返事を確かめてから、親は「わかったよ。もう少し大きくなったらできるようになるね。」「お母さんが支えてあげるから、コップを持ってちょうだい」などと関わってみると、子どもは自分の気持ちが分かってもらえたと感じるのか、親の言うことにも従うものです。

事例２：おもちゃで遊んだ後、片付けをするように言っても従わないと悩む母親

３歳過ぎた入園前の子どもを持った母親からの相談です。１人で遊びを工夫してよく遊ぶようになったのですが、食事やお出かけを前にして片付けるように言っても、子どもは返事だけで遊び続けるそうです。産まれたばかりの下の子どもに手がかかるので、口頭で指示するのですが、何度言っても言うこと聞いてくれません。食事を始めたり、玄関まで行くと慌てて食卓に付いたり、出かけようとします。

生活の様子を聞いて思ったことは、親子で一緒に片付けることがあったのかなと言うことです。下の子に手がかかるので大変ですが、今からでも、１人で片付けさせるのではなく、母親が「これはどこにあったかな」とつぶやきながら、片付け始めることです。子どもの関心を見ながら、ときにはわざと違うおもちゃ箱に入れてみたり、

「どこに置くと良いのかな」と聞いてみたりするのです。すると、口で言うだけでなく、「ここだよ」と自分で片付けることもあります。片付け終わったなら、「ありがとうね」「きれいになったね」「助かったよ」などと声掛けをしてみましょう。

こうした関わり方を2～3週間も続けると、子どもの動きに変化が見られます。声を掛けると、自分でおもちゃを片付けたり、「少し待って、ここまでしたら片付けるね」などと言うようになり、母親はイライラしなくて済むようになります。

事例3：大人の話に割り込んでくる子ども

2～3歳頃になると、大人がおしゃべりしていると、「だれ？」「いつ、行くの？」「おばちゃんがどうしたの？」などと、そこに割り込んでくることがあります。大人は、話の内容が子どもに関係がないと思うと、「大人の話で、子どもには関係ないの」などと言いますが、子どもは納得いきません。また、口を挟んでくることもあります。子どもなりに、大人同士の話でも「それは誰かな」「連れて行ってもらえるかな」などと理解しようとしているのです。

子どもの関心に対して、いきなり拒む応対をすると、いったんは引き下がっても、また口を挟んだり無視されたと拗ねたりすることになります。

　このようなときは、子どもの関心を確かめ、子どもに関係する部分だけでも説明することです。詳しく言わなくても、子どもなりに分かれば、それ以上口を挟むことをしないでしょう。

事例４：母親が言うまで勉強や片付けをしない小学生の母親からの相談

　母親を頼りすぎで、何かにつけ母親が指示するまでダラダラとした生活態度が見られるとのこと。幼稚園のときは、言えばすぐに応えて動いたが、小学生になってからは、少しは自分から宿題をしたり翌日の支度をしたりして欲しいと思うのですが、母親が言うまで動かないのでつい怒ってしまうがどうしたらよいかという相談でした。

　生育歴を聞くと、人見知り・後追い現象はあったとのこと。そこで１歳頃からの親子の会話を聞いてみました。姉の後を付いて回って遊んでいたので、特に気にしていなかったけれど、幼稚園に入る頃から姉と違って、母親が言うまで片付けや持ち物を用意することができませんでした。母親の声の掛け方はいわゆる指示・命令・禁止で、期待するように動かないので怒ってばかりであったと言います。

そこで、大きな1歳児くらいに思って、子どもの様子を見ながら声を掛けるようにと具体的に指導しました。まず、「怒ってばかりでごめんね」と子どもに謝ってから、1歳児のように思って代弁し、子どもの反応を見ながら声を掛け、やって欲しいことを聞きながら一緒に行うように助言しました。

1ヶ月後の報告では、始め母親の顔色を伺うところがありましたが、「失敗しても良いからやってごらん」と言うと自分からやるようになりました。「分からないことは行う前に聞くと良い」と言ったところ、自分から進んで身の回りのことをするようになったとのことです。

事例5：カッとなると手が付けられなくなる中学生の担任からの相談

家でも学校でも、普段は温和で、ニコニコしていますが、突然怒り出し、形相が変わって興奮状態となり、声を掛けても耳に入らず、遠ざかるしかない状態になる子どもについて、将来を心配した担任から相談がありました。

周囲は、いつ怒り出すかと気を使い、顔色を覗った関わり方をすることがあり、できることなら一緒にいたくないと、避ける子ども達も出てきました。小学校に照会したところ、在学中は問題なく学校生活をしていたようで、当時の担任もその変化に驚いていたそうです。こうした場合、親や先生は、小学校高学年から中学生であれば、いくら何でも言葉で注意すればそのうちに分かるだろうとあの手この手で諭したり、言い聞かせようとしますが、ほとんどの場合は、改善されることはなく進級したり卒業したりして、終わるものです。

思春期に入ってからカッとなりやすい子どもの場合は、乳幼児体験に関心を持って、くすぐりあえるか、場所見知りがあるか、人見知り・後追いがあるか等調べてみることです。多くの場合は、第1課題から第3課題あたりの乳幼児体験で、経験不足が見られるでしょう。運動能力が優れているとか、学業成績が良いなどよりも、人としての人格形成の基礎が培われているかに関心を持って、親の協力や支援者の協力を得て不足している乳幼児体験を満たすように関わることです。

この子どもの場合、父親は海外へ単身赴任中でしたので、担任が母親に話を聞いたところ、小学4年のときに亡くなった祖母に甘えていたそうで、祖母も母親も子どもが怒らないように先回りして気を配って関わってきたとのことでした。

そこで、学校でできることとして、普段から子どもの感情や行動、意思を代弁することを助言しました。担任は、「我が子の保育園児のように関われば良いのですね」と理解してくれました。

1ヶ月ごとに担任から報告がありましたが、担任が代弁すると返事をするようになり、3ヶ月経った頃には、怒ったときに「担任を呼んでくれ」と他の先生に自分から頼むことができたそうです。担任は、子どもに対して、まず、担任を呼ぶように言ったことを褒め、別室で話を聞いたところ、なぜ怒ったのか内容を話すこともできました。母親も子どもが話してくれるようになったので助かると言っているそうです。

〈第4課題のポイント〉

OK事例

＊子どもの感情、行動、意思を言葉で表現し、言葉を覚えて、言葉でやり取りする

＊代弁したり子どもの関心に沿って声を掛けたり、返事をするように関わる

＊自意識をもち、自我ができ、自己主張するようになる。応答次第で、言葉を使ったやり取りが長続きするようになる

NG事例

＊指示・命令・禁止ばかりの声かけでは、言葉を覚えられず、言葉を使ってのやり取りができない。

＊カッとなりやすい、頭突き、物や人に当たり散らす（幼稚な訴え方）。あるいは、言われたことだけをして気を使わない（指示待ち症候群）

第５課題：交渉（譲ったり、譲ってもらったり、仲好し）

２歳半頃になると、それまでと違って、「親」や「育ての親」が自分の要求を先に出すと、素直に応じなくなります。むしろ、子どもは戸惑っているようでもあります。それを見て、「この頃、素直でなくなった。今からこれでは先が案じられる」などと思いがちですが、それには「親」や「育ての親」の子育て観や、自分自身の育てられ方が出ている可能性があります。

子どもは、お話しが長続きするようになると、「計画性・考え」を持ち、先をイメージできるようになります。「意思」ではなく「意志」が持てるようになるのです。

例えば、両親が何気なく「明日、お昼前に、おばあちゃんが来るそうだ」と会話をしています。それが、少し離れたところで遊んでいる子どもの耳に入ると、子どもは「明日、おばあちゃんが来たら、先日買ってもらったおもちゃを見せよう」と考えます。おばあちゃんが来たと分かると、おもちゃを持って出迎えます。おばあちゃんは「大きくなったねー。抱っこしたいな」と言いますが、今までと違って子どもは喜んで抱っこされに行きません。

しばらくすると、子育て経験のあるおばあちゃんは「あっ、そうか、2歳半過ぎたからかな?」と思います。そして、もう一度孫を見て、おもちゃを持っていることに気が付き、「おばあちゃんにそのおもちゃを見せようと思っていたの?」と聞きます。子どもは「ウン」と答え、「それじゃー、先に見せて。それから抱っこして良いかな」とおばあちゃんが言えば、孫は抱っこに応じてくれます。

この時期、子どもには、大人の配慮の元で「譲ったり、譲ってもらったり」を経験させたいものです。子どもは大人に対して、イヤイヤをしたいのではありません。「譲ったり、譲ってもらったり」を覚えて、「交渉」したいのですから、それに親や育ての親は気が付く必要があります。

親や育ての親の都合を優先して、子どもの気持ちを確かめないまま、今まで通りに子どもを従えさせようとしてはいけません。もちろん、大人の都合を優先する必要があるときもあります。そのときは、子どもの気持ちを確かめ、大人の都合も伝えて、親の都合を優先することを子どもに理解してもらうことです。

「譲ったり、譲ってもらったり」の経験を基に、子どもは同世代での「交渉」を覚えていきます。おもちゃの取り合いをしていたとき、大人がトラブルや喧嘩になったいきさつを丁寧に聞いてあげると、満３歳頃の子どもは、大人の配慮で譲ったり譲ってもらったりができるようになります。

入園後、園に慣れた5月頃には、同世代で喧嘩や口論をすることがありますが、親や保育者がトラブルまでのいきさつを聞けば、話すことができます。その中で、行き違いや思い違いなどが分かってきて、どうしたら良いか一緒に考えることもできます。

その経験を何回か重ねると、子どもなりにどうすれば良いかに気が付いて、謝ったり仲直りして遊ぶようになり、「仲好し」が見つかります。しばらくは大人が心配するほど特定の子と遊んだりしますが、気が付くと別の子とも遊ぶようになり、仲好しが増えていきます。

大切なことは「3歳児だから言えば分かるだろう」と思って、すぐに注意したり諭すようなことを言わないことです。健やかに育っている3歳児であれば、多くの場合、自分の考えていることを口で言うものです。それができていないようでしたら、まず、3歳までの発達段階を振り返ることです。くすぐり合うことができるかな、場所見知りはあったかな、人見知り・後追いはあったかな、自己主張の基本はできているかな、譲ったり・譲ってもらったりができるかなどと順に確かめてください。思い当たることが見つかれば、そこから関わり直すことです。

第4課題（言葉でのやり取り）まで達成している子どもなら、自分の考えをいつ、どのように言ったら良いか困っていると捉え、子どものしぐさを見ながら考えていることを推測し、あれこれと言ってみることです。例えば「お母さんの言ったこと、聞こえたかな」「どこまで遊んだら、一区切りつくかな」と声を掛けて、その返事を聞いてから、親は親の都合を丁寧に言うことです。

最初は子どもの気持ちに応えてから、大人の期待を言うことで、子どもは納得して行動を起こします。こうして子どもは、交渉の初期経験をすることになります。これを繰り返していると、子どもから、「少し待って」「ここまでやったら、止める」などと言うようになり、相手の考えを聞いて、自分なりに譲るか譲ってもらうか判断して、言うことができるようになります。

ここで気を付けたいことは、大人に「交渉」経験がないと、子どもの気持ちを聞くことは、子どもの言うなりになるのではないかと思ってしまうことです。そこに、自分が大人の言うなりになってきた人生経験が現れるのです。全ての大人が、第５課題までの基礎経験があるとは限りません。三つ子の魂を培っているとは言えません。もし、それを自覚したら、子どもを相手に「譲ったり、譲ってもらったり」を経験させてもらうことです。

日本の知恵には、「3歳になったら、一人前に扱うこと」と言うものがありますが、これは「小さな大人になった」と言うことだと思います。ここまでの基礎経験ができると、「社会人としての基礎」ができたことになり、生涯にわたる人格形成の基礎ができたと言えます。ことわざ、「三つ子の魂百まで」に言う「三つ子の魂」を培ったことになると思います。

事例1：おじいちゃんが反省した3歳児の孫への関わり方

半年ぶりに孫に会うことを楽しみにしていたおじいちゃんですが、孫を見た瞬間思わず抱こうと近づいたところ、孫に避けられました。そのとき、おばあちゃんが孫の様子を見て「おじいちゃんとボール蹴りをしたかったの」と聞きました。孫は頷きましたので、「その後ならおじいちゃんが抱っこしても良いの」と言うと、また頷きました。

それを見ていたおじいちゃんは「ごめんね。先にボール蹴りをしよう」と言ってボール蹴りを始めました。しばらく遊んだ後、おじいちゃんが「抱っこしたいな」と言うと、孫は自分から抱きついていったとのことでした。おじいちゃんは孫を抱きながら「一人前になったなー」と孫に話しかけたそうです。

事例２：親の指示に従わないでＤＶＤを見ている３歳児の場面

買い物に出かけようと声を掛けると、以前は素直に従っていたのですが、最近はすぐには応えず、急がせると拗ねたり怒り出したりして困っているという母親からの相談です。

生育歴を聞いてみると本来の育ち方をしていると思われましたので、第５課題に入っていると考えられました。その頃の子どもは、子どもなりの段取りを持っているので、まずそれを聞くようにと話しました。例えば、

母親「これから買い物に行くけど、今、何をしているの」
子ども「お話（ＤＶＤ）見ているの」
母親「分かったわ。どれくらいで終わるの」
子ども「もう少しで」
母親「終わったら出かけるので教えてね」

子ども「はーい」
といったようなやり取りです。

母親は、「これまで私の都合しか言っていませんでした。まず子どもの都合を聞くことですね」と理解してくれました。

それから1ヶ月後、母親は声掛けに気を付けたところ、子どもなりの考えがあることが分かってきたとのこと。初めは「待って！」と言うだけでしたので、覗いて「どこまで見たら一区切りつくかな」と聞くと、「もうすぐ終わる」と返事が返ってくるようになりましたし、声を掛けると直ぐに消して出かけようとすることもあります。今では「いつ買い物に行く？」と先に聞かれることもあり、子どもなりに考えているようなので、イライラすることもなくなってきたとのことでした。

事例3：子どもがトラブルになった後、振り返り、謝って仲直りして遊ぶ場面

以前から親しくしている1ヶ月違いの2人が遊ぶことになりました。早速おもちゃを取り出して、遊び始めました。1人がブロックを組み立て始めたかと思えば、もう1人はプラレールを組み立て動かそうとしていました。突然、大きめのブロックの取り合いになりました。止めに入った親は、「ちょっと待って、お話を聞くけど、誰からお話ししてくれるかな」「あなたからお話ししてくれるのね、そしたら、もう１人のあなたは違っていたらお話をしてね」などと２人から話を聞くことを説明しました。２人の言い分を聞いてみると、１人はそのブロックで、組み立てたブロックを入れる家を作ろうとしていたと分かりました。もう１人は、後で駅を作ろうと思っていたようですが、遊んでいるところとは少し離れたところにブロックは置いてありました。親はおもちゃを取り合った事情が飲み込めましたので、改めて、使っていないと思って使おうとしたが、もう１人は使うつもりでいたこと。少し離れたところに置いてあったこと。お互い取られまいとしてブロックの取り合いになったことを、２人に説明しました。そして、おもちゃ箱に残っていた色違いのブロックを見せて、これで間に合わないか２人に聞いてみたところ、駅に使いたいと言うのでそれを使うことになりました。

するど、家を作ろうとした子が、「ごめんね」と言いました。親が「どうして謝ったの？」と聞くと、「使ってないと思ったけれど、貸してと言えば良かった」と答えました。するともう１人も「ごめんね」と言いました。親がどうしてかと聞くと、

「もっと近くに置いておけば良かったから」と言いました。

互いにトラブルになったいきさつが分かり、気を付けることも分かったようで、謝り、許しあってそれぞれ遊び始めました。

事例4：きょうだい喧嘩に手を焼いている母親からの相談

4歳の男児、2歳の女児の2人の子どもがいますが、最近何かとおもちゃの取り合いが起きると言います。妹は兄の力に負けてしまい「兄ちゃんのバカ」、「嫌い」などと言ってトラブルが続くので、母親は兄に妹に譲るように言うのですが、兄は親の言うことを聞いてくれず困っていると相談がありました。

2人の生育歴を聞くと、おおむね健やかに育っているようです。そこで、妹はお兄ちゃんのしていることを自分もしたいと主張しているようですし、お兄ちゃんは小さい妹が真似することが許せないのかも知れません。母親には、その辺りのそれぞれの気持ちを聞いてみると、解決策が見えてくるかも知れないと助言しました。母親は兄ばかりに我慢させていたと反省していました。

兄と妹の気持ちを聞き、妹に譲った兄を褒めるようにしたところ、兄は「ここまでやったらね」とか「これでやったら」と代わりのものを妹に差し出したりするようになったと１ヶ月ほどして報告を受けました。

〈第５課題のポイント〉

ＯＫ事例

＊一人前に扱うこと

＊子どもは意志・考えを持つので、子どもの意志を確かめて大人の考えを出し、どちらを先にするか交渉する（子どもはその意志を、いつ、どのように出すか分かりたいので、素直でなくなる）

＊仲好しが見つかり、増えていく

＊社会人としての基礎ができる（三つ子の魂が培われる）

ＮＧ事例

＊子どもの気持ちを確かめないで、大人の気持ちを優先する

＊子どもは顔色を見るようになる
＊子どもは自分の考えを押し通そうとする
＊上下関係、親分子分関係である

第6課題：対等な3人遊び（健全ないじめ現象）

年少組の後半から年中組にかけて、「仲好し」が増えていきます。Aちゃんばっかりと遊んでいた時期から、Aちゃんと遊んでいたかと思うと、Bちゃんとも遊ぶようになります。仲好しが増えてくると、誰と遊ぶか、誰と仲間になるかでトラブルが起きます。そのとき、「遊んで」とか「入れて」と言ってもなかなか入れてもらえないということが起きます。そこで、子どもは「遊んでと言っても○○ちゃんは入れてくれなかった」「○○ちゃんがいじめた」等と訴えてきます。

この際の「いじめ」で注意することは、世間で話題になるいじめ問題と一緒に考えないことです。ここで子ども達が使う「いじめ」は、仲好し3人で遊ぶにはどうしたらよいかと悩んでいる状態です。2人なら「譲ったり譲ってもらったり」して遊びが続くまで発達している関係ですが、だからと言って、いきなり3人で遊ぶことはできないのです。

世間で話題になる「いじめ」とは、どこが違うでしょうか。こちらの「いじめ」では、いじめる方もいじめられる方も、どちらも2人で譲ったり譲ってもらったりして遊ぶ段階まで発達していないのです。ですから、いじめをしてはいけないという指導だけでは問題解決につながりません。まず初めに取り組むことは、関係者一人ひとりの育ち直りです。

お互い2人でなら仲良く遊べる仲間であるなら、「親」や「育ての親」は、子どもが3人で仲良く遊ぶにはどうしたらよいかの手ほどきをする必要があります。仲好し2人が遊んでいるときに、いつ、どのようなタイミングで入ったら良いか、また、仲好しと遊んでいるところへ別の仲好しが「入れて」と言って来たら、いつ、どのようなタイミングで入れたらよいかを教えて欲しいのです。その結果、3人で遊べるようになれば、「いじめ」が起きることはありません。

ここには、問題解決にあたる大人の育ちが問われています。3人遊びができるようになっていれば、仲介できます。しかし、仲好し3人で遊べるようになる経験がないと、仲介することが難しいことになります。少なくとも、いきなり「いじめは良くないことよ。あなたたち、仲好しだから喧嘩しないで遊びましょう」と言うことは避けたいものです。

多くの場合、いじめられた子ども、つまり、遊んでもらえない子どもが大人に助けを求めます。ですから、訴えてきた子どもから遊びに入れてもらえなくなるまでのいきさつを丁寧に聞き出すことが重要です。そこに解決のヒントが出ているはずです。すでに第5課題を達成している子どもは、喧嘩しても、いきさつを振り返り、仲直りする術を知っています。聞いただけで分からなければ、遊んでいるところへ出かけて行き、2人の遊びの様子を見ながら、その先どうなるかを見通すのです。遊びの展開が始まったばかりか、終わりかけているのか、2人の遊びの内容によっては、その先でシャベルが必要か、水があると良いかなどの予測ができます。そして、「今、声を掛けるタイミングだよ。『遊んで』と言ってごらん」と指導するのです。この経験を繰り返すことで、遊びの流れを観察し、その先を予測して、タイミングを待って声を掛けることができるようになります。

また、「遊んで」と言っても入れてもらえないときは、「入れてあげない」と言った子どもに事情を聞いてみることです。遊びが始まったばかりなのか、おもしろい佳境に入っていたのかを聞いて、見定めるのです。遊びが一区切りすれば、大抵は入れてくれるものです。それまでの間、傍で見ながら待つのか、他で遊びながら「入れても良くなったら声を掛けてね」と頼むなどするのです。

この経験から、何人の集団であっても、初めての集団に出会っても、場や人の様子を見て、いつ、誰に近づこうかなと観察し、近寄って、タイミングを見て声を掛ける力がついてくるのです。転校、進級、進学をきっかけに不登校やいじめに合うようになったと聞く場合がありますが、余程の場合以外は、集団に入る子どもの育ちが未熟であることが判明したと考えることができるでしょう。もちろん、迎え入れる集団の質に問題があることも

ありますが、いずれにしても一人ひとりの育ちを点検することを忘れての対応は避けたいものです。

事例１：独り占めしたがる年長児Ａちゃんへの対応

Ａちゃんは、年中組のときはＢちゃんと仲好しで、譲ったり譲ってもらったりして遊んでいました。年長組になるときクラス替えがあり、仲好しのＢちゃんが他の友達と遊び始めたところ、ＡちゃんがＢちゃんを独り占めしたがって意地悪が始まり、Ｂちゃんが困っているといった担任からの相談です。

年中組のとき、Ａちゃんの仲好しはＢちゃんだけでしたがＢちゃんには他にも仲好しがいました。そこで、Ａちゃんは他に仲好しが見つからないので、一人にならないようにＢちゃんにしがみついているのではないだろうか。Ａちゃんと話し合ってみるようにと担任に助言しました。

担任としては思い当たることもあり、Ａちゃんと話し合ったそうです。Ａちゃんは年長になったら仲好しのＢちゃんが他の子と遊び始めたので、嫌われたと思い、どうしたら良いか悩んでいたようです。そこで、担任はＢちゃんを呼んで、２人の気持ちを聞いたところ、Ａちゃんの心配はなくなりました。そしてＢちゃんもＡちゃんと遊んだり、新しい仲間の中に入って遊ぶようになりました。

仲好しが増えたから直ぐに何人でも遊べるわけではありません。親や育ての親の助言、指導があって、３人で遊べるようになります。

事例２：仲好しの友達が遊んでいたので、入れてと言っても入れてくれないと訴えてきた場面

砂場で仲好しのＢ君、Ｃ君が山を作って遊んでいました。Ａ君も入れてもらいたくて「入れて」と言ったものの、返事が来ませんでした。そこでもう一度「入れて」と言ってみたのですが、「ダメ」と言われてしまいました。どうしても遊びたかったＡ君は、近くにいた母親に訴えました。

そのときＢ君、Ｃ君は２人で声を掛け合って遊んでいました。母親がＡ君に聞くと、最近よく山を作り、トンネルを掘って水を流すのだそうです。そこで、Ａ君と近くにあったバケツに水を汲み砂場に戻ると、すでにトンネルも貫通しそうになっていました。トンネルが貫通すると、２人はバケツを捜し始めました。その瞬間、Ａ君に水の入

ったバケツを差し出すように仕向けました。B君、C君は「ありがとう」と言ってその水を使おうとしました。そのとき母親が、「A君も入れてあげてね」と言うと、2人は「いいよ」と言って3人で遊び始めました。

事例3：ダメと言って、仲好しを入れなかった場面

仲好しのAちゃん、Bちゃんは大型ブロックを運んできて自分たちの入る家を作っていました。それを見たCちゃんも入れて欲しくなり、「入れて」と言いましたが、Aちゃんに「ダメ！」と強く言われて、Cちゃんは悲しくなりました。

どうしても一緒に遊びたいCちゃんは、Aちゃんの母親に訴えました。母親はCちゃんと2人が遊んでいるところへ来ると「Cちゃんも入れて欲しいんだって」と言いました。すると、Aちゃんは「2人で作っているのでダメ！　ね！　Bちゃん」と言います。「お家ができたら、入れてくれるかな」とAちゃんの母親が言うと、Aちゃんは「それなら良いよ」とのこと。そこで、Cちゃんには「家ができたら入れてくれるって。それまで、一緒に見てようね」と言って、2人で見ていました。

しばらくして家ができると、Aちゃんは「Cちゃん、良いよ。遊ぼう」と誘ってく

れたので、Ｃちゃんも一緒に遊ぶことになりました。

〈第6課題のポイント〉

ＯＫ事例

＊お互いは仲好し同士でも、３人寄ると、「いじめ」を訴えることがある。「いじめ」と思うまでのいきさつを聞くこと

＊仲好し2人の中に入る入り方を覚えたいのか、仲好しの入れ方を覚えたいのかを把握して、覚えられるように関わる

＊入りたい仲好し達の遊びを見て、先読みして、入るタイミングを覚えて、入るようになる。また、仲好しが入れてと言っても、遊びの盛り上がり方、遊んでいる相手の気持ちなど判断して、「今はダメ」とか「もう少ししたらね」と言えるようになる

ＮＧ事例

＊「いじめ」を訴えてくる子どもにいきさつを聞かないで、いきなり仲良く遊ぶこと

を強要する

＊一見仲良く遊んでいても、友達関係の構造を見ると、上下関係や親分子分関係がある

第7課題：畏怖心（世界観、宇宙の中の私）

小学校入学を前にする頃から、この課題に取り組むことになります。ここまで健やかに育ってきた子どもは、小学校へ行くことを楽しみに待ちます。勉強することが楽しみになり、どんな友達ができるかと期待を膨らませるものです。

しかし、小学校に進むと、いくつかの保育園や幼稚園などから集まった多種多様な人達と出会うことになります。それだけでも驚きであり、気が引けることも起きます。園では徒競走でいつも1番であっても、小学校では1番が取れるとは限りません。この現実を受け入れるのは、子どもにとって悩ましいことです。世の中は広いなと実感し、それを受け入れる必要があるのです。

小学校では学習が始まります。知らないことがたくさんあり学ぶことになります。自分より理解力に優れた人にも、反対に何度先生に説明を受けても理解が進まない仲

間にも出会います。苦手なタイプの子もいれば、気の合うタイプの子もいます。同じグループであると、どのような距離を取って交わったらよいか悩むところです。

遠足があったり、上級生と一緒に運動会を経験したり、社会見学では見たことのない場所を見たりします。他の土地や自然を見て癒やされることもあれば、変化に呆然としたり、驚嘆したり、怖さを覚えたりすることもあります。

歴史を習うこともあり、以前の姿を写真や動画、遺跡等で見ることもあります。にわかには信じられないと思うこともあるでしょう。

活動範囲が広がり、いろいろな人と出会い、見たことのない場所や現象に接することの中で、自分がちっぽけに見えたり、恐れ多くなって萎縮したり、やる気を失くしたり、ときには自分はどうして生きているのだろうかと考え込んだりします。

子どもはそうした経験を通して、畏れの気持ちを持ったり、世界は広いことを認めたり、自分は生かされて生きていると思ったり、うぬぼれては

いけないことを知ったりするものです。

事例１：大雨が降った後の小川を見に行った小学1年生

大雨が続き、父親とメダカ捕りに行ったことのある小川が、どうなっているか心配していました。雨が止んだ後、父親と小川を見に行ったところ、堤防いっぱいの濁流となって流れていました。父親も「こんなにたくさん降ったのだ」と驚嘆するとともに畏れを感じました。子どもも小川を見て「怖いねー」と目を白黒させていました。

事例２：テレビ塔に登って驚いた小学生

初めて展望台のあるテレビ塔に登ることになりました。展望台に登って、足がすくんでしまいましたが、やっと窓際に移動して、下を見てびっくりしました。路上で見るとあんなに大きかったトラックや乗用車がミニチュアカーのように小さく、人が動いていることは分かりましたが、大人も小さく見えました。建物を見ると、展望台より高い建物もあるし、登るときには見えなかった山が遠くに見えて、不思議に思いました。

事例３：当然合格するはずの保育者採用試験に落ちた学生の悩み事例

保育者になる採用試験に合格間違いないと思われた学生でしたが、結果は不合格でした。そこで相談に乗ることにしました。

半年程前からバイトでもデートでも何事においてもやる気が起きず、受験勉強も同じだったと言います。「こんな私が、先生だなんておかしい。園児の前に立つ資格はあるのだろうか」と悩んでいたそうです。そう言われると、何となくけだるそうにしている態度や表情が思い出されました。自分の意見は持っており、仲好しもいることは分かっていましたので、受験前から彼女は第7課題に取り組んでいたのだなと理解しました。

短大生の場合、採用試験の前後に第7課題に取り組むことになることがしばしば見られることを経験してきました。この学生はタイミング悪く、大人になる最後の課題に取り組むことになったと思われます。数ヶ月すると、すっきりすると思われるので、同様な経験をしたことのある学生を紹介し、経験談を聞いてみることや次の採用試験を考えるように指導しました。

その後、予想通りの結果が得られて学生と共に喜びました。そして、就職後も生き生きと仕事に取り組んでいることを確認することができています。

〈第7課題のポイント〉

OK事例

＊子どもが見聞を広める機会を持つようにする

＊小学校に入り学習に臨むと、より多数と接し、行動範囲が広がるに従い、知らないこと、驚嘆することに出会い、世界の中での自分の位置づけを感じる

＊学習や勤労は、人格形成の基礎ができた上に成り立つものである

＊畏れの気持ち、宇宙の中の私、生かされ生きていることの実感

NG事例

＊世界や自然を侮る、見くびる

(2) 自己確立期（思春期）

小学3年生以降、子どもは大人になるためにどのような経験をしていくのでしょうか。

小学校の先生によると、「小学3年生のクラスは、まとめるのが大変」だそうです。それは、この頃の子どもは「俺」「私」と、それまでとは違った自己主張が強く出てくるからと考えます。「だって」「でも」などと自己主張し、ぶつかり合う中で、第1課題である「生きていることと死ぬこと」の意味を哲学的に考えるようになります。

例えば、知っている人が亡くなって葬式に参列するなど、人が死ぬということはこういうことかと考える機会があります。また、自分で世話すると言い張り、金魚や小鳥などを飼いたがることもありますが、そんなとき、親は子どもに任せることです。これは、命の大切さを学んでもらう機会です。子どもは初めこそペットの様子を毎日見て、えさやりや掃除をしますが、そのうちに世話をせず、えさがなくなった状態になっていることに親は気が付くことでしょう。ある程度は子どもの代わりに手伝うことをして良いと思いますが、子どもが命を大切しない様子が見られたときには、手を差し伸べないことです。生き物には犠牲になってもらうことになりますが、死ぬことも覚悟して様子を見ることです。飼育している生き物が死ぬと、子どもは苛立ちます。自分で飼いたいと主張して買ってもらったのですから、衝撃も受けます。そのとき、今までの経過を振り返りながら、飼育している生き物は世話をしないと死ぬことを話し合うのです。「生きるとは、死ぬとは」「病気は治ることもあれば、生死に関わることがある」など哲学的に話し合うことです。

家庭では、親子の衝突が起きがちです。特に、女児と母親は「だって」「でも」など口論になることがあります。女児はへそを曲げたり、いじけたりして、しばらく考えた後で気持ちを切り替えます。ときにはミニ家出をすることもあるでしょうが、夕方になってお腹が空いてくれば、安心できる場所が気になります。そのとき、健やかな原体験があれば、万引きして空腹をしのごうとしたり、さまよい歩いたりすることはしません。自分から家に戻ったり、親が探してくれそうなところで待っていたりします。

こうして、第1課題の「生きている実感」、第2課題の「安全・安心」を意識的に考えるようになり、生まれ育った土地が「ふるさと」として自分の中に根付くものと思います。さらには、第3課題の「自分は一人でない、家族がいる」ことを実感して、自分の親きょうだいは、一人ひとりどのような人格を持った人であるかを考えていくようになります。

9歳以降の自己確立期（思春期）に入ると「母（親）を語る」と言って、自分の母親との思い出やどのような人柄であるかを語ることができます。0歳から9歳までの原体験期には、「母（親）を語る」ことはできません。表現として「母ちゃん、好き。やさしいから」とか「父ちゃん、好き。お休みのとき、遊んでくれるから」などと言うくらいです。

小学4年生から5年生頃になると、徒党を組んで探検ごっこや秘密基地を作って遊びます。いたずらもしますので、「ギャングエイジ」と言われることもあります。大人の目の届かないエリアでのことになりますので、ときに事故や事件になることがあります。こうした遊びを見つけたとしても、即禁止することはないと思います。そこでの様子を聞いて、注意、指導することがあれば行いますが、それがなければ見守ることです。

小学5年生頃になると、群れの中から気の合う仲間、すなわち「仲好し」が見つかります。健やかな原体験を経験しているなら、このときの仲好しは後々の人生において、支えになったり協力者になったり、よきライバルになったりするものです。成人して、「刎頸（ふんけい）の友」と言われることもあります。また、この頃は、女子が男言葉を使い、男子が女言葉を使う時期でもあります。正しい言葉を使うことを指導するより、性を勉強していると思いましょう。中学に入ると、それぞれ自分の性の言葉を使うようになります。

小学6年生から中学1年生頃は、小学校から中学校への進学に伴う環境の変化の中で、友達選びから3人での仲間づくりへと、原体験期での経験が問われることになります。このとき、「健全ないじめ現象」も起きますが、すでに原体験期に3人で遊ぶ体験をしていますので、親や先生、仲間の意見を聞いて、仲好し3人組ができるようになります。その後は高校や大学、社会人になっても人間関係の作り方が分かっているので、進学や就職後に人間関係がきっかけでうつになったり、ひきこもりになる可能性は少なくなります。

その一方で、「問題となるいじめ現象」が起きがちです。それは、集団を構成する一人ひとりの発達段階が、対等な2人遊びができる段階まで育っていないことが原因と考えられます。一人ひとりの育ちが未熟なほど、問題解決に困難を伴います。第3課題を達成していれば、親や先生の助言・指導で深刻ないじめに発展することはないでしょう。けれども集団の構成員の一人ひとりの発達段階が第1段階や第2段階のとき、そもそも孤独で孤立しており、人を選ぶ力もしっかりしていない場合は、問題解決に時間を要します。そして、援助・指導に入る大人は、子ども達が未熟であるという自覚と育て直す意識がないと、大人同士、連携が取れない状態となり問題解決は難しくなります。

中学2年生から中学3年生頃には、対等な3人遊びができていることになり、本来の大人になる道筋としては、ひとまずの成人として認めることができると思います。日本には「元服」と呼ぶ成人式が昔からあり、今もその文化を引き継いでいる地区がありますし、暦年齢にして17～18歳頃には、一人前の大人として認めることは可能だろうと思います。その後は、どのような仕事について稼ぎ、家庭を持とうとするかです。その過程で、第7課題を考える機会が訪れます。
20歳に達していても、大人としての自信が持てない人は、心の育ちの中でも乳幼児体験に不足があると思われますので、育ち直る意識を持って自分の生育歴から振り返るように取り組むと良いでしょう。

近年、女性にとって、仕事と育児の両立が課題となっています。可能であれば、最低1年の育休を取って第3課題の達成を見届けてから職場復帰が望ましいと考えます。第3課題達成までは、必ずスキンシップを伴いますし、子どもは、人見知りで母親の人間関係を取り入れ、後追

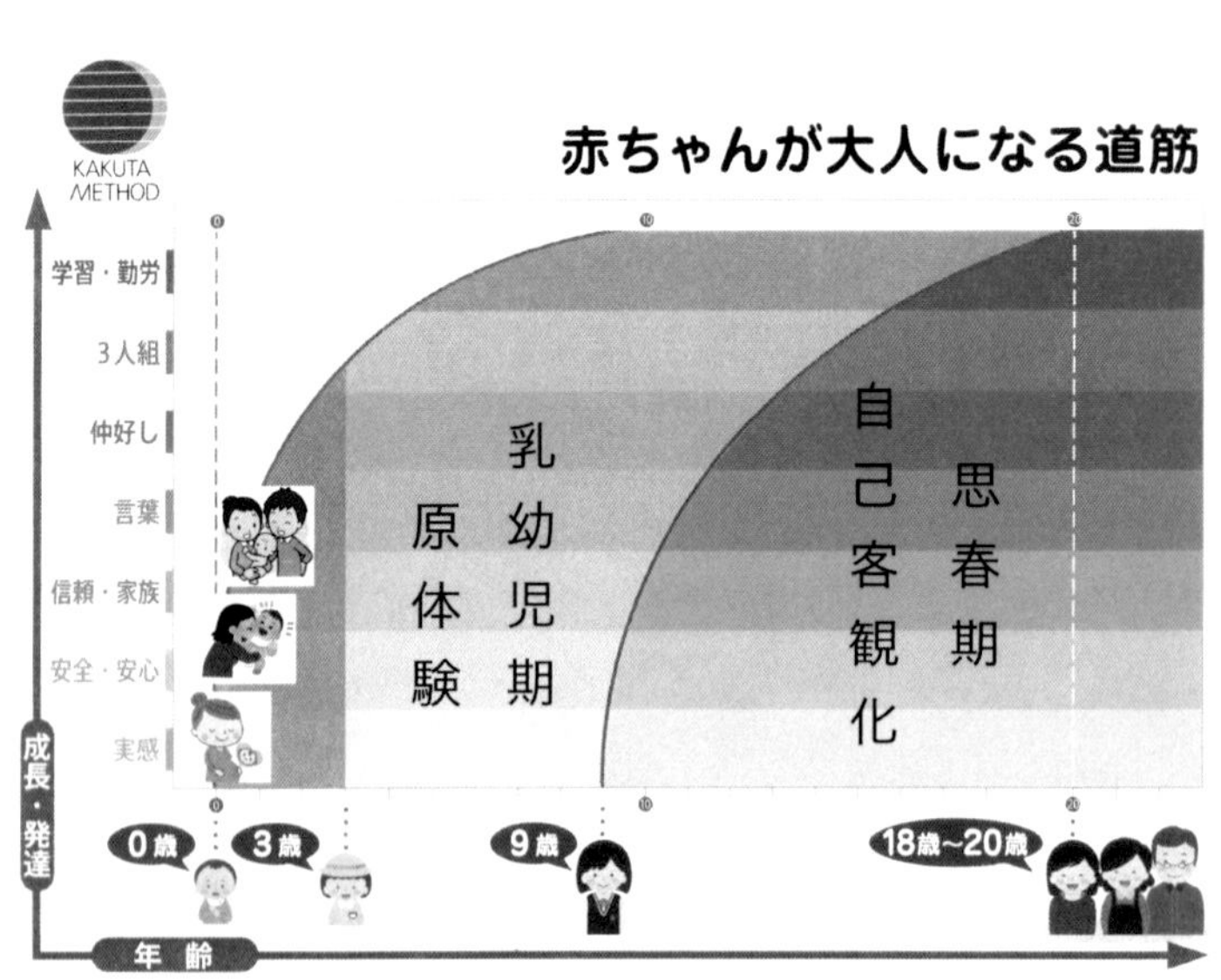

いの達成で母親は自分を見捨てないことが明確になります。母親にとっては、子どもは置いては死ねない存在であることが分かります。こうして、親子ともに家族の基礎ができることになります。

　そのために、育休制度の充実、子育て支援制度あるいはシステムの整備が必要です。両親とも中堅になる頃には、会社や地域で期待されるようになり、子どもは思春期に入ります。そのとき、子どもが第3課題まで達成していると、自分の世界を持ちつつ家族の一員として協力することができますし、「三つ子の魂」を培っていると、生涯にわたる人格形成の基礎ができているので、自立した生活力

を身に付けることができます。

しかし、「三つ子の魂」を培っていないと、子どもの問題が表面化し、社会人としての自分と子どもの問題解決との板挟みに合います。祖父母となったときは、手のかかる3歳までの子育て経験をしているので、孫の応援ができますし、相談相手になることもできます。

入学前の幼児を育て直すには、数ヶ月から半年くらいかかります。小中学生の不登校事例では、本人に会えなくても母親の面談を繰り返して1年半くらいで自力登校する事例が見られます。成人になると、育て直しに3～4年くらい必要とします。

育ち直りにかかる、ある程度の時間を示しましたが、それには立ち直るための条件がそろう必要があります。その中核となる要素は、「謝罪」と「育て直す人の育ち」です。また、思春期以降の育て直しは、そのときまでに培った乳幼児体験によって、立ち直りまでの手間暇が違ってくるようです。

第３章

今から取り組む子育て、次世代育成には

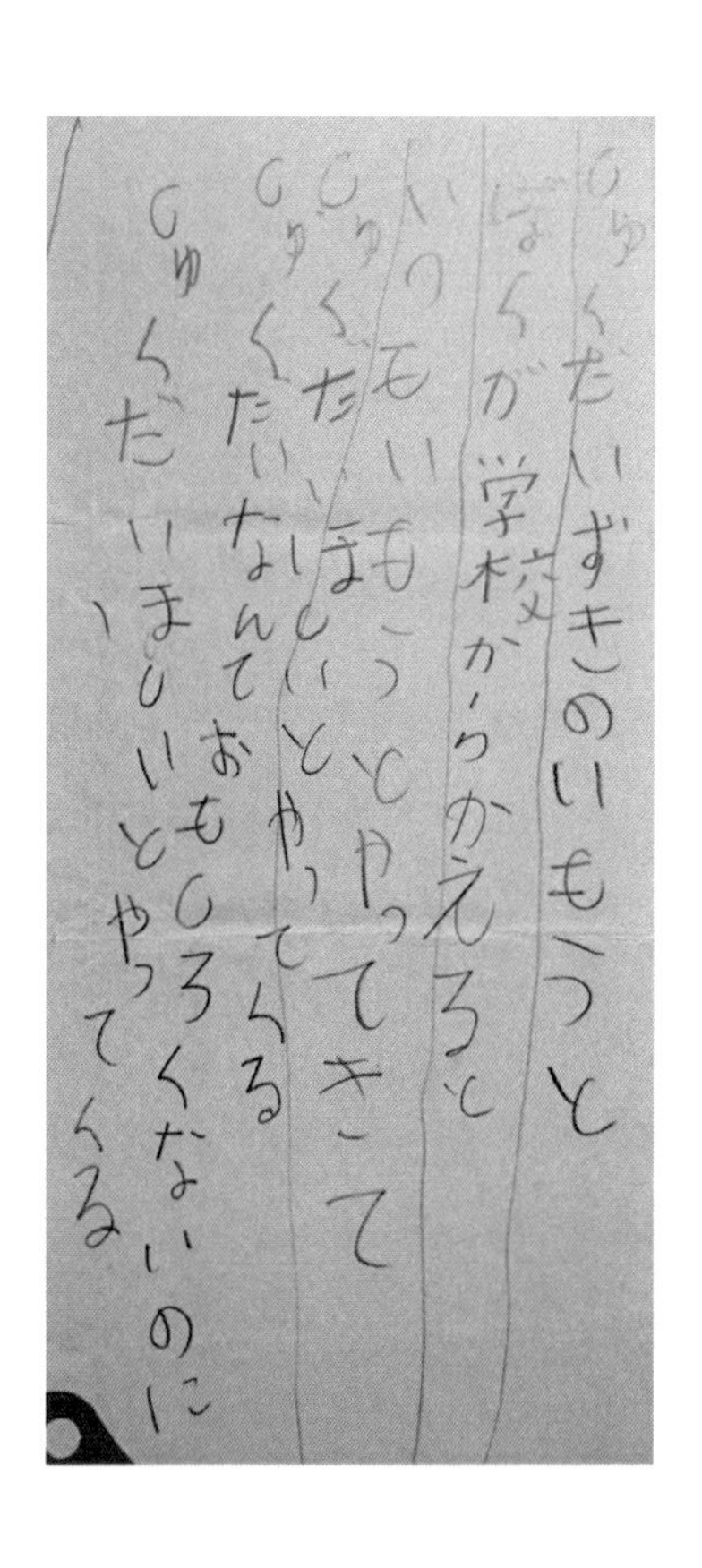
じゅくだいずきのいもうと
ぼくが学校からかえると
いつもいもうとやってきて
じゅくだいほしいとやってくる
じゅくだいなんておもしろくないのに
じゅくだいほしいとやってくる

1.「産みの親」と「育ての親」の共通点と違い

「産みの親」は、子どもにとって男女一人ずつです。女性の場合は、子どもを産んだら、その子に対して「母親」と言われ、誰の目にも分かる明白さがあります。男性の場合は、自分が産むわけではありませんので、あくまで女性との信頼関係の中で言えることで、根拠にあやふやさが残ると言えます。それでも、生まれた子に対して「実の親」と言われます。産んだ女性と男性の関係は、結婚しているとは限りません。未婚であっても、中学生であっても、大変な病気や大きな障害を持っていても、子どもを産めば母親と言われ、その子に対して「実の親」になります。そして、男女とも、「実の親」になるときに心身共に一人前の大人になっているとは限りません。

本来は、心身とも健やかに育って、ある年齢に達すると結婚し、子どもが生まれたら出生届けを出すことになっています。健やかに育っている親の元に産まれた子どもは、年相応に健やかに育つために、良い環境にあると言えそうです。そしてそこでは、一つ、二つなど、「つ」の付くうちの子育てが、実践されているだろうと思われます。親の育ちが健やかであっても不十分であっても、子どもができると、「実の親」としての責任が生じます。子どもを健やかな大人にする責任で、これは、親が生きている間はもちろん、親が死んでも子どもが親との思い出を持ち続ける限り続きます。

しかし、子どもを産めば「育ての親」としての責任が全うできるとは限りません。子どもの親である自覚を持って、自分のできることを行いながら、できないところは助けを求めて、子どもが健やかな大人になるように務めることが大切です。

生まれた子どもは、産みの親だけでなく、兄姉や親戚、地域の人々などと関わりながら大人になる過程を歩むことになります。保育園や幼稚園などでは、保育者の関わりを受けて、子どもは成長・発達していきます。特に心の成長・発達では、育てる人の育ちが密接に関係しており、日本では、「産みの親」より「育ての親」という言い伝えもあります。自分と血のつながりのない子どもであっても、その子どもの発達に合わせて関わると、子どもは健やかに大人になっていくものです。例えば、母親代わりや父親代わりがいたので、大人になれたという人がいますし、大学進学や就職にあたって戸籍謄本を取り寄せて、てっきり実の親だと思ってきたが、実の親でなかったと知った人もいます。

祖父母、叔父叔母など親戚なども「育ての親」の1人です。また、近所の人でも親以上に慕われている人や保育園や幼稚園の保育者、教育職員、相談員、里親、児童福祉施設職員などもその対象となります。

「育ての親」は、その立場で関わる子どもが大きく違います。例えば、保育者は、0歳から6歳くらいまでの乳幼児と接することができる立場です。しかし、入学後の育ちについては一般的に把握できません。小学校で担任が手を焼いていると聞いても卒園児ですので、関わり直すことができないのです。

放課後児童クラブは、小学生が利用する施設です。本来、小学生は仲好しの友達と3人遊びができる子ども達ですが、実際には、甘えることもできない、困ったときに助けを求めることもできない、仲好しができない等の子どもが多数派を占めているようです。放課後児童クラブの指導者は、関わっていた子どもが中学生になって、不登校や非行を起こしたと聞いても、育て直すことはできない立場です。ですから、それを次世代育成と捉え、不足している乳幼児体験を小学生のときに経験させてあげるなど、人格形成の基礎を培う関わり方をして欲しいと思います。

「産みの親」にしても「育ての親」にしても、子どもの一生を視野において、健やかに育つように〝今〟関わることが大切です。

2. 早速、今から取り組むこと（「産みの親」や「育ての親」に共通すること）

この本を読んでいただいた機会に、親や保育者・教育者および子育て相談に従事している専門家には、ぜひ「赤ちゃんが大人になる道筋」を学習して欲しいと思っています。これが分からないと、子どもの相手をしていても、子どもが大人になる変化・発達を理解できないことになりますし、子どもの相談に乗っても、子どもが大人になる変化・成長の展開が把握できず、相談者自身が揺らぐことになります。

(1) まず、赤ちゃんが大人になる道筋を学習しましょう

常識的には、赤ちゃんは産みの親や育ての親にかわいがられて育ち、成人式を迎えると大人になったとして祝ってもらうと考えます。近年では暦年齢の満18歳を「成人」と認めようとの動きも見られますが、いずれにしても、漠然と年齢とともに右肩上がりに成長・発達するものと考えています。なぜ漠然と言うかというと、赤ちゃん時代からかわいがることが大切と言うけれど、具体的にそれがどういうことか分かっているのだろうかと思うからです。

「かわいがること」が具体的に経験的に分かっていると、育児ノイローゼになるほどの必要以上の不安が伴うことはないでしょう。しかし、そうでない場合は、ガイドラインとして赤ちゃんが大人になる道筋を学習することで、そのものさし（発達課題）に照らしながら子どもに関わることができます。例えば、母親がいくらかわいがっても、生後半年で赤ちゃんと言葉でのやりとりができることはありません。生後半年頃というのは、「微笑むこと」（第1課題）ができ、「場所見知り」（第2課題）の課題を達成した上で、大好きな母親が見つかる「人見知り」（第3課題）が起きるので

す。そしてその先に、「後追い」（第３課題）が起きます。つまり、微笑むことができないのに、「人見知り」が起きることはあり得ないと思っています。「発達の順序」が分かっていないと、赤ちゃんを育てていても、今の姿は年齢相当の心の育ち方をしているかどうかの判断ができません。また、子育てを振り返っても、どの時期に健やかな育ち方から外れていったのか判断できないことになります。

これらは親自身が、健やかな乳幼児体験を経験して大人になっていれば、体験的に分かることです。しかし、もし経験していなくても、そのことを認め、大人になる道筋を学習しながら子育てにあたることができれば、親としての自信が持てるようになります。大人になる道筋は、第２章の発達課題の達成と事例・場面を参考にしていただければ、幸いです。

事例１：発達の道筋を頼りに子育てした母親

実母の干渉を避けて遠方の大学と会社に就職したAさん。結婚して子どもを授かり、実家近くの産院で出産することになりました。気がかりであった実母の干渉が始まり、産院にいるときあまりに干渉をしてくる実母との関係に悩み、不眠からうつ状態になり、親子心中まで考えたそうです。産院の計らいで、実母との距離は取れたものの、退院後は仕事に多忙な夫の手助けが得られずに、子育てどころでない状態でした。産院スタッフの助けを借りながら、カウンセリングを通して実母との関係を見直し、夫と育児の関係を整理して危機を乗り越えました。

お世話になっていたカウンセラーに子育てについて相談したところ、地域の子育て支援センターや親子の集いに参加するように言われたそうです。そのときAさんは、そこへ出かけて仲間に入ることができる自分なら、このような出産・育児の悩みを持たなかっただろうと思ったそうです。

たまたま図書館へ出かけたとき、偶然に開架式書棚に拙著（「今から始める育て直し～問われる乳幼児体験」エイデル研究所）を見つけ、読んでみたことで、赤ちゃんが大人になる発達の道筋があることを知ったと言います。以来、発達の道筋に関心を持って子育てする生活を心掛け、第3課題の「人見知り・後追い」が起きたときも、周囲の母親達は理解と対処に困っていましたが、「今はこの子に大切な経験」と思って子育てすることができたそうです。

事例2：第3課題の人見知り・後追いが起きるための助言を受けた母親

20数年前、園の講演会で「赤ちゃんが大人になる道筋」の説明を聞いた母親が、我が子に「人見知り・後追い」現象が見られなかったので、今からどうしたら良いかと悩みました。周囲に相談しても「人見知り・後追い」がないことで「社交性・社会性がある」とまで言う人がいて、手紙での相談を受けました。

その母親が祖母となって断捨離をしたところ、当時の手紙を見つけたそうです。手紙を読みながら、「人見知り・後追い」が大切と知り、関わり方の助言を得て、それを参考に手探りで子ども達に関わっていた当時を思い出したと言います。その後の子ども達の成長・発達の過程だけでなく、孫の育ちを見て、あのとき取り組み直して良かったと、手紙をくれました。

この方のように手紙で教えてくださる方もいれば、地域での講演会に参加して子どもの思春期になった姿や成人になった姿を教えてくださる方もいます。

(2) 子どもの育ちを見立てる

現在の我が子の育ちは大丈夫だろうか、この機会に点検してみましょう。子どもは、親が育てたから、親の期待したように育っているとは限りません。親が我が子に良かれと思って関わっていても、子どもがどのように育っているかは区別して考える必要があります。それは、親と子どもは別の個人だからです。親の見立てた発達段階と子ども自身が達成している発達段階とは違いがあることを承知してください。子どもは親の顔色を見て、親の期待に合わせた言動を取っていることがあるからです。また、心の育ちは、体の成長と比べると数値化が難しいので、適切に経験しているかどうかの判断が難しいものであることも承知していることが大切です。

① 生育歴を聞き、現在の育ちと照らし合わせて見立てる

まず、母子手帳、育児日記、アルバム、録画映像などを見て「発達のものさし（発達課題）」に照らし合わせながら、思い出をたどってみることです。おおむねそれに沿ったエピソードが思い出されるでしょうし、至らなかったり、思い違いをしていた

関わり方を思い出すこともあるでしょう。

次に、現在の姿から、乳幼児体験をどこの段階まで培っているかの見当を付けます。第1課題の「微笑み」はあるかを確認するため、くすぐって抱きしめてみることです。親も第1課題を経験済みであれば、子どもとじゃれ合うことができます。第2課題の「場所見知り」はあるか、初めてのことには緊張するがやがて慣れていけるか、第3課題の「人見知り・後追い」はあったか、見捨てない人（大好きな人）がいるかなど発達課題に沿って順に見ます。

生育歴と現在の乳幼児体験を照らし合わせて、確かな経験段階、重なるだろうと思われる段階、これから取り組むことになる段階を区別して、ひとまず子どもの発達段階の理解とします。

②　発達段階に合わせた関わり方

心の発達段階は、数値で表れるものではないので、仮の発達段階と思ってそれに合わせた関わり方を行ってみることです。子どもに変化・成長が見られたら「育て直し・育ち直り」が始まっていることになります。1～2ヶ月間関わってみて、子どもに変化が見られなかったり、かえって悪化しているようであれば、早めに見直すことです。関わり方が発達を促していない可能性がありますので、発達段階の見立て直しを行う必要があります。

また、理解し直して関わり方を変えたら、すぐに子どもが成長・発達するとは限りません。成長・発達が見られるときは、子ども自身が自分の求めている関わり方が得られたときです。子どもが自分を繕って周囲に合わせて生きているときには、ありのままの自分を見せても見捨てられないか、どこまで本気で関わってくれるかを見ているこ とがあります。そんなときは、赤ちゃん返り（退行現象）が起きることもあると思って子どもに関わることです。自分1人では、冷静な判断に狂いが生じることもあるので、配偶者や自分が頼れるママ友、あるいは専門家に確かめてみることを勧めます。

(3) 親は、まず、子どもに〝謝る〟こと

初めから、子どもの将来に期待しない親はいないと思います。そして子どもは、親

は自分が健やかに大人になるようにかわいがって育ててくれると期待するものです。親の立場から言えば、子どもを産み育てるとは、子どもを大人にすることです。そして、自立できれば子どもに感謝されますが、自立できなかったときには、子どもは親を責めたくなるようです。つまり、親は子どもを自立した大人にする責任を持っていることになります。育て直す必要がでてきたと言うことは、子どもが自立できるような子育てができなかったと言うことになります。このとき、子どもに対して親がすべき最重要なことは、まず「謝る」ことです。過ぎた過去のことは今さら取り返すことはできませんが、適切な関わり方をしていなかったことに気付くことが今になったことを、まず、その時点の気持ちで詫びることです。

親にも言い訳したいことがあると思いますが、それは後に回して、まず、子どもに謝ることです。どちらを先にするかで、その後の親子関係に影響を与えます。

親が、子どもに謝ると、子どもは親へのわだかまりが消え、気持ちの整理が付いて次の道のりを歩み始めることができるようです。親の実像を見て、親に期待

することと他の人を頼っていこうとすることとの区別が付きます。そこから子どもは育ち直る過程を歩んでいくのです。親は自分にできることを行って、子どもの育ち直りを支援することが、親の務めであり、責任の取り方だろうと思います。そのような親を子どもが認めなかったり、馬鹿にしたり、見捨てたりした話を聞いたことはありません。

親が子どもに謝ることができないのには、それなりの事情があり、それなりの言い分があると思います。子どもへの謝罪は、決して誰かが強要することではないと思っていますが、その状況が続いているうちは、親は「子どもの首を真綿で絞めている」ことになり、子どもは育ち直る過程を歩むことができません。他の人の関わりも少しは受け付けることがあっても、親子関係の改善が見られませんので、なかなか前に進めません。

子どもに謝ることができない親の中には、子どもに謝ると親自身が子どもに捨てられるのではないか、あるいは子どもにがっかりされるのではないかと思っている場合があります。親の親（祖父母）が、子どもである親に適切な関わり方をしていなかったと謝っていないと、親が子どもに謝ることができにくいのです。これは、親としての気持ちより子どもとしての気持ちを優先している状態と言えます。この場合、孫が祖父母に反省を求めることがあり、そこで祖父母が反省できれば、新たな展開が始まります。

子どもに謝ることができる親は、人として過ちを犯したことに気が付いたときに謝ることや、そのことによる関係のやり直しを経験している人とも言えるでしょう。第３課題を達成している人は、自分を見捨てることがない、いざとなったときに相談できる相手を持っています。間違いに気が付いて、認めることができるのは、そんな自分が丸ごと受け止められる経験をしているからで、親として子どもに謝ることもできるのです。

子どもへの謝罪は、「気が付いたときにすればそれで良いか」という質問がありますが、一度謝れば、それで済むということはないようです。子どもが育ち直って行けば、その姿になるまでの親の関わり方を知ることになり、どこで間違っていたか分かりますし、さらに孫ができて、その育ちを観察したり関わったりすると、自分の子どもに対する関わり方に不足や間違いがあったことに気が付き、そこでも謝る気持ちが出るものです。

自分の子育てに不足の関わりがあったときには、孫の育ちを見ながら、祖父母自身が、孫が健やかな成長・発達をするように適切な関わり方をし、親の不足を補うように行動見本を見せることとです。最後の孫が3歳を過ぎた頃、第5課題の達成を見届けたときに、子育ては終わると考えています。子孫が健やかに育ち、家族が続くことになるので、老後を子どもや孫に任せる気持ちになります。孫らの成長を楽しみにしながら、終活活動に入り、お迎えが来るまで自身の人生を全うするのです。

事例1：親が子どもに謝った事例

3歳児健診で相談を勧められ、クリニックを受診したところ、発達障害との診断で投薬を受けました。3歳で入園しましたが、間もなくそこでも相談を勧められたので、再びクリニックで診察を受けたところ、発達障害と言われ、しばらく服薬することになりました。小学校に入ってしばらくすると、落ち着きが見られたので、母親の判断で服薬を止めました。

小学5年生になった頃、突然「死にたい」と言うようになり、帰宅すると「死にたい」を連発し、あまりにうるさいので母親は子どもに向かって思わず、「そんなに死にたいなら死んだら」と言ったこともあるそうです。しかし、子どもは相変わらず「死にたい」と言うので、母親は困ってしまいました。そこで、「そんなに死にたいなら、お母さんと一緒に死ぬかね」と言うと、子どもは母親に「一緒に死んでくれるの?」と言って涙を流したそうです。母親はその顔を見て、思わず抱きしめました。何度か抱きしめると、子どもは「死にたい」と言わなくなりましたが、しばらくすると、今度は言動が乱暴になって、困っているとのことでした。

いきさつを聞き、経過から推察すると「死にたい」と叫び、お母さんにハグされて、自分は1人でなくなったことを実感できたため、しばらくは落ち着いたのでしょう。しかし、それから子どもはどうしたらよいか分からなくなり、イライラした気持ちで荒れ始めたと思われます。日頃の子どもとのやりとりを聞くと、お母さんからは指示・命令・禁止の声掛け、ばかりと分かってきました。

母親は自分の生育歴と子育てを振り返り、自分が甘えることができずに育ったとはいえ、子育てが不十分であったことを子どもに謝りました。そして、これから声の掛け方を勉強するので、一緒に頑張ろうと言って子どもにも理解してもらったそうです。

事例2：祖母が娘に自分の子育てを謝った事例

祖母から孫についての相談です。４歳の孫は園では暴れん坊で、保育者も手を焼いているとのこと。母親である娘が園に呼び出され、スキンシップが足りないので家でもおんぶや抱っこをしてほしいと言われました。それを聞いた祖母は、働いている娘を手伝うことにしました。

しばらくすると、膝に入った孫から「お母さんが抱っこしてくれない」と聞きました。孫によると、添い寝もなく１人で寝ているとのこと。祖母は娘の幼少時代、曾祖母に預けて働いていたことを思い出しました。そして娘にはスキンシップが不足していたかも知れないと思い、聞いてみたところ、曾祖母にも甘えた思い出がないとのことでした。そこで、祖母は娘に謝って、ハグしました。

程なく、孫から「昨日、お母さんと寝たよ」「お母さんが抱っこしてくれたよ」と相次いで聞くことができました。祖母は内心改めて、娘に悪いことをしたなと詫びたそうです。

(4) 自分自身の育ちを見立てるには

子育ては、基本的には、自分の育てられ方を子どもに繰り返すものです。ですから、自分の育てられ方を自覚すると、それだけ子育てが楽になり、楽しくできると思います。しかしながら、自分自身の育ちは、自分に都合の良い見立てをするものであることを、あらかじめ承知しておいた方が良いでしょう。三つ子の魂を培っていない人、中でも人見知り・後追い経験のない人は、本能的に無意識のうちに自分を自分で守る癖があるものです。

子育てにおいて、親が悩む問題の一つに、子どもの発達段階を理解するより、子どもにどう関われるかに頭を悩ますということがあります。誰かに甘えたことのない親は、子どもに「大好き」と言って抱きつかれたとき、ついはね除けることをしがちです。子どもの言い分を聞いてから親の言い分を言えば良いのですが、どのような声掛けが良いのか分からず、つい親の思いを先に言ってしまい、親子喧嘩に発展してしまうことがあります。親におんぶや抱っこをしてもらえていれば、自分が親になったときに抵抗なく子どもをおんぶしたりや抱っこできますが、その経験がなければ難しいでしょう。また、何か買って欲しいものがあって「欲しい」と言ったとき、親に頭ごなしに否定されたりすれば、子どもは腹が立ったり拗ねたりするものです。その当時は、言い分だけでも聞いてくれたら良いのにと思っていたのに、親になったら、つい親と同じ言い方や関わり方をしているのです。

自分への関わり方を親に聞いたとき、答えられない親、巧みに話を変えてしまう親がいますが、それは、親がどこかで良くない子育てをしていたと思っていたり、子どもとしっかり向き合ってこなかったことを、責められていると直感して、自己を守っているからです。このことから、親自身が第3課題（人見知り・後追い）の達成を経験していないことが推測できます。

この場合は、親と祖母との思い出話を聞くように務めてください。何気ない世間話から親の幼少時代の話を聞くようにするのです。親は親で、自分の親（祖母）に不満を持っていたりします。そのとき、具体的にどのようなやり取りがあったのか、そして、そのとき、親は内心でどう思ったのか、どう言ってもらいたかったのかなど聞いて、一緒に考えることです。親は自分の幼少時代の話なので、話しやすいですし、つらかった話を聞いてもらいたいですから、戸惑いながらも話をしてくれます。

そして、その話の内容に、自分に対する関わり方が、繰り返されていることに気が付くことがあるかも知れません。親以外の育ての親に出会っていれば、その辺りの話も聞けて、自分への関わり方の変化にも思い当たることがあると思います。

親の自分に対する関わり方を知るだけでも、我が子への関わり方の間違いを繰り返さない第1歩となります。親がその親にされたことと、親が自分にしたことが重なることがあり、その事実を認めたら、周囲を見回してみてください。自分と同じように、我が子に不適切な関わり方をしている人がいることに気が付く反面、なるほどそうすればいいのかとモデルになる関わり方があることに気が付くこともあるでしょう。後は、モデルとなる関わり方を見たり、思い出したりして、見よう見まねで良いので子どもと関わってみることです。

親がこうした努力を始めると、子どもは、親の変化に気が付きます。親が子どもの理解をし直したり、関わり方を変えたりすると、それに伴って子どもの姿にも変化が見られるようになります。年齢が若いほど反応は早いので、親はそれに支えられて、努力を続けようとするものです。

もし、親に親の幼少時代の話を聞いても話を逸らしたり、会話にならなかったときは、親と距離を取りましょう。親自身が自分の幼少時代を思い出すことは相当につらいことだと思われます。親に依存する気持ちをコントロールして、自分が育ち直るために力になってくれる人を探しましょう。必ず、頼りになる人と出会うことができると思います。

事例1：虐待で連絡のあった転園児の保育者からの相談

前の園で母親による虐待事例として児童相談所と連携をしていた子どもが、年中になるときに転園して来ることになったが、保育者としてどのように対応したら良いかと相談がありました。

まず、担任には、転園してきた年中児の発達段階を見立てることを勧めました。第3課題が達成できていないと推測されましたので、第1課題あるいは第2課題から取り組むことになること、当面、保育者に甘えられるようにくすぐって抱きしめるか、抱っこやおんぶをして、子どもとのかみ合いを見るように助言・指導しました。そして、虐待すると言われている母親には、受けて立つように話しました。虐待すると言うことは、母親がその親にかわいがってもらった記憶が乏しいと言うことです。従って、子どもの発達段階に合わせた関わり方が分からなくて、つい虐待行為を行っているのではないかと思われました。保育者は、母親が何か言って来るまで一般的な対応をして、子どもの育て直しに集中すること、そして、子どもの姿と関わり方について、具体的にやり取りした結果を母親との交換日記に書くように勧めました。

すぐに母親からの反応はなくても、母親が子どもの姿に子どもらしさを感じると、すでに日記に記録されていましたので、自分と保育者の関わり方の違いに気が付く可能性がありました。記録に残るので「子どもが変わってきたのは先生達がこのように関わっているからか」と思い、母親自身が保育者の真似をするように関わる可能性があるのです。子どもが保育者に懐き、抱っこやおんぶを求めてくるようになった頃、母親から長文の手紙が届けられました。要旨は、母親の生育歴が書かれており、母親自身の親代わりをしてほしいといった内容だったそうです。園としては虐待事例として対応しているので、母親の母親代わりまでは引き受けられないとのことでした。

私は保育者の話を聞きながらこの母親は、子どもの発達段階や子どもの発達に合わせた関わり方を知りたいのではないかと考え、説明したところ、前の園であったような虐待で悩むことはなくなったそうです。転園してから半年ほど経って、保護者が保育参加した後で、昼食を取りながらおしゃべりタイムをする企画があったとき、この母親は真っ先に申し込んできました。そのとき、ある親が「子どもが言うことを聞かないのでつい手が出てしまうけれど、虐待だろうか」と発言しました。するとこの母親が、「自分も虐待してきましたが、先生が子どもとのやり取りを交換日記にメモしてくれたので、それを真似したら子どもが落ち着いてきました。あの先生に相談すると良いですよ」とアドバイスをしました。参加していた主任は突然のことでビックリしましたが、その瞬間に虐待しなくなったナゾが解けたそうです。

(5)「育ての親」にも、次世代育成の責任はあります

「育ての親」とは、園での保育者だけではありません。母子の子育て支援に当たる職員、学校の支援クラスの支援員、放課後児童クラブの職員、児童館の職員や乳児院、児童養護施設の職員、里親などとして子どもの養護に携わっている人も該当します。

子どもに関わったり、預かったりしている「育ての親」も、子どもに育ち直る姿が見られないときには、まず、謝ることです。子どもに関わることになって1ヶ月ほどでは責任を問うことは難しいですが、半年経っても子どもが相変わらずの姿であるとするなら、「育ての親」は自分の子どもへの関わり方を見直す必要があります。それは、「育ての親」が次世代を育成する使命を帯びているからです。

特に、保育園や幼稚園においての保育者の責任は重いものがあると思います。それは、園での保育は、「生涯にわたる人格形成の基礎を培う時期に、保育にあたる」ことになっているからです。保育者がどのような保育を行ったかの結果は、すぐには分かりません。10年、20年経って明らかになってくるものと思っています。仮に、どのような家庭、親の元で育った子どもであっても、保育者が代理ママになるつもりで子どもの育て直しに取り組めば、子どもは保育者によって人格形成の基礎を経験できるのです。

親から虐待されている子どもでも、園にいる間だけでも育て直しの保育を受けることができたなら、子どもは救われた気持ちになりますし、人としての基礎経験をすることができますので、次世代の育成に寄与することになります。それだけではありません。母子関係の形成やきょうだいの育ち直りにも影響を与えたり、家族の形成に役立った事例も見られるのです。

事例1：保育者が子どもに謝った事例

未満児の入園当時から担任をしていた年長児の担任からの相談です。年少児クラスの後半から荒れるようになって注意をしてきましたが、保育に困り、年長になって事例提供しました。事例検討を重ねた結果、スキンシップは取ってきたのですが、代理ママをするまでの保育はしてこなかったことが分かったので、心を入れ替えるようにして取り組みました。そして担任を基地にして遊び歩くようになりかけた頃、1週間の長期研修のため担任が園に出勤しないことになりました。子どもに事情を話したところ、「寂しくないよ。大丈夫だよ」と答えましたが、研修が終わって園に戻ると、不在中、ときどき荒れていたとのことでした。

そこで、研修前の取り組みと、子どもに断りを入れたことは適切であったと思うけれど、結果を見ると、それは子どもの本心ではなく、上辺の言葉のみを信用した対応だったと思われると伝えました。保育者を基地にして遊び始めた時期でしたし、本人も大丈夫と思ったのかもしれませんが、実際に保育者がいなくなったときに寂しいと気が付いたのでしょう。保育者として配慮不足があったかも知れません。そのことについて子どもに謝って、もう一度基地となって遊べるように関わってみるように告げ、しっかりとスキンシップするところから始めてみてはどうかと提案しました。

その後の報告によると、研修前後のやり取りを子どもと再現してから、子どもにどうして暴れたのか代弁式で確認しました。「本当は寂しかっただろう。それを誰にも言えずに暴れたのではないか」と何度か聞いてみたところ、子どももそれを認めました。そこで、改めて、「先生は○○ちゃんが大丈夫と言ったので安心して研修に出かけたが、ときどき心配はしていたよ。○○ちゃんも寂しかったんだね」「○○ちゃんの気持ちをしっかりと理解していなくてごめんね。これからは、先生がいなくなるときは、写真を置いていくので、それを見て頑張ってね」と言ってハグしたところ、今までになくしっかりとしがみ付くように抱き返してきました。翌日も再度謝りましたが、子どもは「もう良いよ！」との返事で遊びに行ってしまいました。

保育者は、子どもの上辺の言葉を信用し応対をしてしまい、内心まで思いやっていなかったことを反省すると共に、子どもに謝ったことで関係が親密になったことがうれしかったとのことです。

事例2：いじめる側からいじめられる側になった年中児の担任からの相談

女児は年少組のとき、いじめの先頭に立っており、転園者まで出るほどでした。園では双方の親で話し合いの場を持ったり、園長が仲裁に入る程の問題になったそうです。何とか女児のいじめは収まって年中組に進級しました。いじめが起きていないので、新担任はこの件について安心していましたが、秋になると女児の表情が暗くなり、元気もなくなったので、様子を見ていました。

担任が女児に聞いたところ、年少のときにいじめていた子たちから遊んでもらえなかったり、通りすがりにつねられるなど、いじめられているとのことでした。これを女児の母親が知るところとなり、いじめる子の親にかつて自分が行ったように、自分に対して謝るよう激しく求めており、園として対応に困っているとのこと。担任に保育事情を確かめたところ、いじめはいけないことと話して、いじめを止めることやいじめ防止を子ども達に教えているとのことでした。

女児の園での生活ぶりから発達段階を見立てたところ、母親に守られているとは思えないことに注目し、母子関係が成立していないので担任が代理ママになるつもりで保育することを助言・指導しました。さらに、いじめに関心を持って様子を見ていましたが、女児の発達段階に関心を持っていなかったことを詫びてみたらどうかと勧めました。

１ヶ月後の報告では、まず、助言を受けて女児に謝ってから、スキンシップを取ったそうです。すると、女児は、しがみつくように担任に抱っこしてきました。毎朝のように担任は抱っこし、時間を見つけては個別に遊び相手になり、順番・交代でオモチャを使うように保育しました。今では、いじめた子どもとも話すようになっているそうです。母親は元気良く登園するので安心しているし、いじめた親たちへの攻撃性も見られなくなっているとのことで、ひとまずいじめ騒動は収まりました。

⑹　１ヶ月後の点検

①　親の場合

親は、子育ての当事者です。生活していれば１ヶ月はあっという間に過ぎてしまいますが、親が子どもの理解や関わり方を変えたなら、子どもには何らかの変化・発達が見られるものです。親が、かみ合ったなという感触が持てるなら、引き続き発達の道筋を歩むように関わってください。その際、「待ってました」とばかりに子どもに変化が表れたら、子どもは自分がしてもらいたい関わり方をしてもらえたと言うことになります。

関わり方を変えると、変化は見られるものの、それは、気になる現象の減弱と言うことがあります。このとき、赤ちゃん返りが起きている可能性があり、子どもは本来の育ちの段階までさかのぼろうとしているのです。同時に、親がどこまで自分を見捨てないで関わってくれる覚悟でいるか確かめながら退行しており、親の見立てと覚悟が確かめられているとも言えます。そして、子どもがこの段階からやり直したいと思えるところまで来たら、そこから反転して、育ち直りが始まります。

何ら変化が見られなかったり、かえって悪化している印象を持ったら、親に対して「理解の仕方か関わり方が違うよ」と子どもが教えてくれていると理解しましょう。そして、取り組む発達課題の見立て直し、あるいは関わり方の理解をし直しましょう。子どもは、自分が育ち直るための理解と関わり方を求めているのです。

②　育ての親の場合

「育ての親」には、ある程度関わった子どもに対し、その機会に子どもが育つような関わりができたか、それなりの責任があります。なぜなら、成長・発達途上の子どもの場合、出会いを求めているからです。この人ならかわいがってくれるかも知れない、育ち直りの機会が得られるのではないかと期待しているのですから、関わる人には責任が出てきます。ちなみに、ここでの「育ての親」は毎日のように顔を合わせる人、週１回とか２週に１～３回など数時間関わることができる人などです。

１ヶ月後の点検は、親子の場合と同じことが言えます。そこで、変化・成長が見られるなら、かみ合うものを感じていることになります。もし、変化・成長が見られなかったり、悪化していると思ったら、直ちに見立ての見直しか関わり方の見直しに取り組んだら良いでしょう。

会う頻度によりますが、見立てと関わり方の見直しは、繰り返し行われるものです。関わっている間、子どもが大人になるまで続くものと考えて、ちょうど良いと思います。

3. 子どもに関わるときの心構え

子育て、育て直し実践活動、事例援助などに取り組んできて、事前に承知していると落ち着いて活動できることなど分かってきましたので、それを紹介します。

(1) 何歳からでもやり直せる・育て直しはできる

子どもが何歳であっても、気になる姿に気が付いたら、それは子どもが本来必要な乳幼児体験をしてこなかった結果であると考え、子どもに謝罪したあと、大人になる過程で必要な体験であることを話して、未経験な課題から経験する必要があることを説明することです。そして、経験不足の乳幼児体験をすれば、何歳からでも立ち直ることができます。例えば、甘えることができない子どもや大人には、くすぐって抱きしめる関わり方をすることです。そしてくすぐり返しが起きるようになれば、じゃれ合うことができて、子どもらしさを感じられるほどに育ち直って行きます。

新しい経験を怖がって退いてしまう場合には、常に手をつなぐなどスキンシップを取ることです。小学生くらいになると、1人で挑戦させようとしますが、乳幼児体験をする必要がありますので、そばに付き添うことです。自分1人で挑戦する気になるまで、いつでも手助けできるように見守り、1人でできたと言う報告を聞くまで段階を踏んでいくようにします。

本心を誰にも語れない子どもには、好きな人の中から1番好きな人を見つけて、母親代わりをしてもらうことです。その

人を、「代理ママ＝母親代わり」として、「人見知り・後追い」体験をさせてもらうと、周囲が驚くほど元気が出てきます。その後、実の親子で「人見知り・後追い」経験をしようと、母親に向かっていきます。そのとき、来るものは拒まずで、甘えてくる子どもを受け入れたら良いのです。自分から子どもを甘えさせることができない母親は、自分からスキンシップを取ろうとしなくても良いので、３回に１回は拒まず子どもを受け入れるように努力しましょう。

気に入らなければすぐにカッとなりやすい子どもには、スキンシップを取りながら、第一声に気を付けて声を掛けることです。「怒っているね」「気に入らないことがあったんだね」「お話を聞くよ」「お話できるところから教えてくれるかな」等と話し掛けていけば、激しい言動に減弱が見られます。そのうちに、頷いたり首を振ったりして返事をしてくれるようになります。やがて言葉を使って自分の言い分を話すようになるものです。

思春期以降の子どもや大人には、言って聞かせたり、自己努力を求めることがありますが、対応には気を付けたいものです。

また、受診を勧めることもありますが、命に関わる緊急性がない限り、第１課題、

第2課題あたりを理解しようと努め、幼児であっても思春期以降の子どもや大人であっても、不足している乳幼児体験をさせてあげることです。

事例1：不登校中の中学生が母親の添い寝からやり直した事例

中学2年生で不登校の相談をしていたA君の母親には、添い寝から始めることを勧めましたが、そのようなことを男子中学生にはできないと拒みました。拒む母親の理由を聞くことはせず、そのまま相談を続けていました。

その後1ヶ月ほどして、同じように中学2年男子のB君の不登校相談が始まりました。しばらくすると、母親からB君が添い寝を求めてきたが、受け入れて良いかとのこと。

「母親である意識を持って、B君に赤ちゃん体験をさせるつもりで取り組んでください」と支持しました。

母親が添い寝を受け入れると、B君は喜びました。そのうちに母親に抱きつくようになり、胸に顔を寄せるようになりました。母親はそれを受け入れ、「お姉ちゃんのときにはミルクを足したが、B君はお母さんのおっぱいだけで大きくなったよ」と言いながら背中をトントンとしたそうです。数回行ったら抱きつくこともなくなり、添い寝だけで済むようになりました。そして、その後1人で寝ると言い出したそうです。

その経過を、A君の母親に紹介しました。それを聞いた母親は自分もやってみると言って、A君に添い寝をするようにしました。1ヶ月ほどして「添い寝して欲しいときは言うから、1人で寝たい」と言い出したそうです。母親は「分かった。添い寝して欲しいときは言ってね」と返事をしてA君に任せました。

A君、B君はたまたま前後して不登校相談に乗ることになったものです。男子中学生でしたが添い寝を行うことで、自分は1人でなく、お母さんがいると分かったのでしょう。その後は育ち直る過程を経験して、半年ほどしてそれぞれ自力登校を開始しました。先生達も再登校したA君、B君を見て、しっかりしてきたなとの印象を持っ

たと聞きました。

事例２：昇進後にうつになった夫に添い寝をした妻の話

結婚して子どもが２人いましたが、子どもの遊び相手が苦手で１人でいることの多かった夫です。仕事は真面目に取り組んでいましたが、主任に昇格して数人の部下を持つことになりました。初めのうちは張り切って仕事に出かけていたのですが、半年過ぎたあたりから疲れやすくなり、不眠がちとなりました。

メンタルクリニックを受診したところ、「うつ」との診断で投薬を受けましたが、通院しながら仕事を続けることはできました。あるとき、子どもに添い寝をしていると、夫が「良いなー」と言っていたことを思い出しました。そこで、夫が寝るときに添い寝をするように関わってみました。手をつなぐと「安心する」と言って、自分の母親には添い寝をしてもらえなかったと語ったそうです。

その後、しばらくすると、仕事場でのことを自分から話すようになり、人間関係でのアドバイスを求めるようになりました。仕事に出かけるとき、徐々に元気が出てきたとのことで、通院もしなくなったそうです。

⑵「育ての親」に勧める事例検討

ここでいう事例検討のための報告書は、担任になったことをきっかけに、それまでの数ヶ月間の保育をまとめることです。子どもの家族構成や生育歴を始め、当初の子どもの理解と関わり方、しばらくしてからの理解のし直しと関わり直し、最近の理解と関わり方をまとめるのです。まとめたレポートを仲間内に披露して、理解の仕方や関わり方などに関する意見をもらうことを、事例検討会と言います。

これは保育者に限ることではなく、定期的に開催される親子教室の指導者、気になる子どもを健やかに育てたいと願う人等で、対象は乳幼児とは限りません。思春期の児童生徒や成人であっても、毎日のように、あるいは定期的に関わる場合は、出会ってから今までの理解と関わり方をまとめて、他者の意見を聞くようにすることを勧めます。専門的にカウンセリングや心理療法などに取り組む場合も同じです。

「育て直す・育ち直る」と言う考え方で、事例に取り組み、事例検討を行うと、スーパービジョンと教育分析を受ける経験ができます。子ども（事例）に取り組むには、いろいろな理解の仕方があり、その中の1つが「角田メソッド」です。

事例検討の経過の中で、育て直す関わり方を勉強し、実際に行ってみることを繰り返すことで、自分の育ちと向き合う時機が訪れます。初めは頭で考えて関わりますが、やがて自然とできるようになります。そのとき、自分の発達課題も経験することになり、その分、育ち直ると考えられます。この経験は「教育分析」を受けたことに相当します。

事例検討の方法は、自分が関わっている子どもの中から、少し注目して関わってみようとする子どもを選びます。報告書の作成中に、これも聞いていない、あれも聞いていない、このときの自分の関わり方は自分の考えていることと矛盾しているなどと気が付くこともあります。まとめるだけでも勉強になります。

その上で、事例検討に関心のある仲間の意見を聞く機会を設けることです。自分の取り組みのヒントになる意見や自分では気が付いていなかった質問が出たりし、その過程で、事例の理解が深まったり、理解のし直しが起きたりします。中には、後にその意味が分かってくることもあります。自分の子どもの見立てや関わり方に取り入れたい意見もあれば、今の自分にはヒントにならないと思う意見もありますが、思い当たる意見を採用して、その後、子どもと関わってみることです。そして、再び報告書を作成して提供し、話し合うのです。

これはメンバーを固定して、1～2ヶ月ごと定期的に行うと良いでしょう。事例提供者が、子どもの育ち直る手応えを持つまで継続することで、同席者が、育ち直る作業で子どもとかみ合う意見を出しているかどうかが問われますし、事例提供者の取り組みを支援する意見が言えているかどうかを検証することになります。これらを繰り返すことで、意見を言うにも責任が伴うことが分かり、自分の事例理解や相談に乗る力量が試され、向上することになります。事例提供者がかみ合う手応えを持てたとき、一日事例提供を終了して、次の人が事例提供を行うようにしたら良いと思います。これがお互いに役立つ仲間作りになり、より大勢の子どもにとって役立つことになります。

(3) 育て直しに取り組むと起きる波紋

残念なことに、「育て直し」に賛同できない人が現れることがあります。こうした場面は、家庭、母子の集いの場、園のような職場でも起きます。このような場合、育て直す人は、子どもとの関わりより、周囲の人・仲間との関係に気を使うことになり、その結果、子どもからすると、自分への関心が弱くなったと感じ、満足感が持てなくなります。

例えば、甘えてホッとする経験が無い４歳児と関わっている、育ての親の場合です。育ての親がスキンシップを取ると、「４歳になって甘えている」「幼稚園は甘えるところではありません」「小さい組に入れますよ」などと指導する保育者がいます。子どもはスキンシップをして欲しくても、育ての親はその発言者との人間関係で、子どもへの気持ちが弱くなり、継続的に関わることを躊躇したり、止めたりすることがあります。

また、子どもの言い分に耳を傾けて「代弁」していると、「何をぐずぐずしているの。さっさと指示に従わせなさい」「いちいち子どもの気持ちを聞かなくても良いの」と指導をされることがあります。これは、その子どもが取り組む発達課題を理解しないで、年齢相応の関わり方をするように求めた指導と思われます。

子どもが年中クラスくらいになると、自分のして欲しいことを阻止する人の目を盗んで、それを「育ての親」に求めてきます。例えば、年長クラスの子どもの中には、阻止する人に直接「嫌い！」と大声で叫んだり、他の人がいる状況の中で「ばか！嫌い！」と言ったりして、周囲にそれを知らしめるように訴えることがあります。3歳までくらいは、自分の欲求を出すことをあきらめてしまうようですから、育て直す人は、子どもの欲している課題を達成するように、できる範囲で関わって欲しいものです。子どもはそうした保育者をしっかりとインプットして機会を待つようです。

これは、家族の中でも起きます。不登校中の中学生が、母親に抱っこされた思い出にフィット感がなかった場合、母親に添い寝を求めることがあります。それに気付いた父親が「中学生になって、甘やかすな」と言うことがありますが、母親から育て直しの説明を聞いて理解する父親もいますので、理解ができていないために起こる一時的な現象とも言えます。

同じ現象を、祖父母が起こすこともあります。この場合は、子どもである父親ないし母親が間に入って祖父母の干渉を止め、しばらく様子を見ていて欲しいとお願いすることです。孫の姿が変わってくれれば、祖父母は口出ししにくくなります。

⑷　子育て支援に必要なこと（育て直しする仲間作り）

そもそも「子育て支援」が話題となるようになったのは、いつ頃でしょうか。私の知っている限りでは、１９８０（昭和55）年頃にはマスコミで取り上げられていました。保健所に勤務していた頃、「子育て学級」を企画、実施したことを思い出します。印象に残っている事例の一つに、ある母親から出された「赤ちゃんを寝かし付けるときは、腕枕して、お腹をポンポンと叩くのですか」と言う質問です。「ポンポンとですか?」と聞いたところ、「そうです」と言います。そこで、「お母さんがそうされたら気持ち良く寝付けそうですか?」と聞くと、「寝られそうにないです。さすられるなら良いかも」と。また、保健師が子どもを抱っこしていたら寝てしまったのですが、その母親はその姿を見て「抱っこで寝るのですね」とのこと。その後、家でそれらを行ってみたら上手く寝かし付けることができたようです。

この頃は、「抱き癖を付けるな」の子育てが流行ってから20年ほど過ぎた頃でした。子育てが楽しめないのは、赤ちゃんのときに抱っこされることなく大人になった、母親自身の幼少時代が反映されているからと言えるでしょう。幼少時代に親や育ての親にかわいがられた経験が不足しているので、赤ちゃんを産んでもかわいがり方が分からないのです。それでは、子育てが楽しいと思えなくても当たり前です。子育て支援が必要となった理由はここにあったと思います。

一方、この時代でも、抱っこやおんぶをしてもらった人達がいます。そういう人は、その後、親になり祖父母になっても、子どもや孫を抱っこしたりおんぶしたりできるでしょう。保育者であっても同じです。

シニア子育て支援サポーター養成講座でのことですが、その受講者の大勢の方が「抱き癖を付けるなとか母乳育児は時代遅れと聞いたが、人類が昔から行ってきたことをなぜ否定するのかと思った。母乳で育児したし、抱っこやおんぶをして当たり前と思ってやってきた」と誇りを持って語っていたことを思い出します。ほとんどの人が我が子の「三つ子の魂」を培ってきたと考えられ、孫も子どもらしく育っているとのことでした。事例検討したわけではありませんが、受講者が健やかに育てていることが予想されます。

現在、「抱き癖を付けるな」が流行ってから、50年ほど経ちますが、若い親だけでなく、祖父母も孫の相手ができないことが問題となっています。子育て支援が叫ばれ、日本の各地できめ細かく実施されていますが、成果を見せているのでしょうか。残念なことですが、次世代育成に明るさが見えて来たとは言えません。何が足りないのか、考えてみることです。

３歳までは母親が子育てに専念すべきだと言う「３歳児神話」の崩壊と言って、母親だけに育児を押しつけない考えが話題になりました。育児に相当の負担を感じたり育児ノイローゼになったりした母親のためには、負担の軽減になったことでしょう。しかし、その後を見たとき、本当に親子のためになっているでしょうか。むしろ、子どもは大人になれなくなり、親は親としての自信が持てなくて、家族崩壊に至っていると思います。ますます「育ちの格差」が広がっており、社会的には混乱が深まっていると思います。

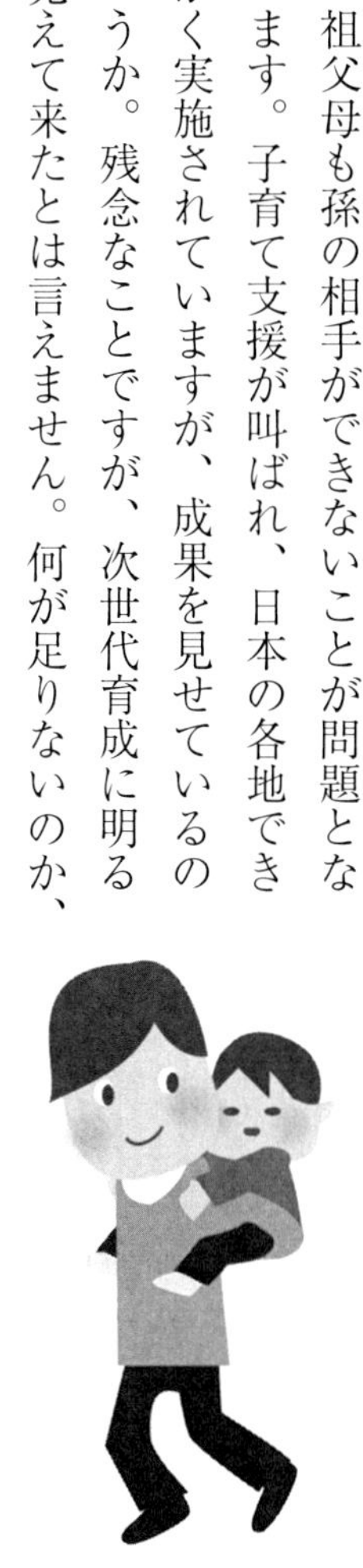

さまざまな子育て支援に関わる事業で、共通することがあります。それは、赤ちゃ

んが大人になる道筋を提示しながらの事業内容となっていないということです。一緒に勉強している仲間が、未就園児親子向けに子育て講座を行っています。心身の健やかな発達のポイントを提示しながら学び合う親子教室です。参加者からは、子どもが大人になる道筋に沿った関わり方を学習することで、子育てが楽しくなってきたと聞くそうですし、父親も子育てに参加するようになり、家族の基礎づくりができているとも実感しています。子どもが入園した母親からは、その後の我が子の成長ぶりはもちろん、三つ子の魂を培うことの大切さを実感していると報告を受けているそうです。このように子育て支援の場を提供するだけではなく、人としての基礎づくりを説明しながら、行動見本を見せる活動が求められています。

(5)「医学・心理学モデル」から「人格形成モデル」での問題解決へ

人間は、本来、健やかに育つものです。いじめ、不登校、虐待、ひきこもりなどの問題は、生まれながらにして起きるとは、今まで誰も言っていません。この世に生を授かり、大人になる成長・発達過程のどこかで必要な関わりをしてもらえない障害に出会って、なおかつ、その後改善される機会に恵まれなかった結果ということになります。従来、こうした問題に対しては、医学や心理学が解決にあたってきました。切り口としては、母親のうつ、親による虐待、気になる子の保育、要保護児童連絡会議（ネットワーク）などを挙げることができます。診断あるいは心理判定を基にして、投薬、手術、精神療法、カウンセリング、心理療法、ケースワーク、ケースソウシャルワークなど、「医学・心理学モデル」で問題解決に取り組んできました。この方式で、改善していった事例も数多くあったと思います。ところが近年、診断や心理判定に基づいて、治療や心理療法を行っても改善されない事例が目立ってきたように思います。

例えば、第１子の出産を契機にうつとなり、クリニックに通院加療中の母親がいました。父親は仕事を優先しており、子育ては母親に任されており、何かと泣きじゃくる子どもに、つい手が出ると言います。あまりの泣き声に近所の人も心配していました。虐待しているのではないかと担当の児童委員の耳に入り、連絡を受けた役所は関係者会議を開き、子どもを保育園に入れて母親の負担を軽くすることにしました。１歳過ぎて保育園に預けられたものの、子どもは気に入らないと奇声を発したり暴れたりするため、保育者は困っていました。保育園では他の子に危害を加えないかと気にしながら保育をしています。

この事例では、クリニックの医師、地区児童委員、役所の関係者、保育園が親子に関わっています。どのような機関が、相談者をどう理解して、対応したら良いでしょうか。「角田メソッド」では、次の様に考えます。

まず、保育者は1歳過ぎた子どもの発達チェックを行うことです。健やかに育っているなら第3課題（人見知り・後追い）を達成している頃ですから、子どもの様子から発達チェックをしてみることも可能です。くすぐったら笑えるか、くすぐり返しは起きるか、場所見知りはあるか、人見知り・後追いはあったかです。親から生育歴を聞いて照らし合わせると、保育者が今から取り組む発達課題の見立てができます。

見立てと関わり方がかみ合えば、子どもに変化・成長の姿が出てきます。子どもらしさが出てくれば、親には安心感が出てくるでしょう。そのとき、赤ちゃんが大人になる道筋を学習し、母親が自分の幼少時代と比較できると、育ち方の違いを自覚でき、自分の育ちのありのままを認めることになります。すると、子どもに支えられるようにして、子どもが健やかに成長・発達するように相手をすることができ、自分に自信が持てるようになります。

また、孫の育ち直る姿を見て、祖母が、自分の子育てを振り返り、足りなかった部分を母親に謝罪すると、母親は、うつ状態から早く脱することができます。

うつ状態とは、自分に自信を失くした状態であると考えます。生きている実感も持てず曖昧で混沌としている状態では、命を守るために入院も必要かと思いますが、その判断は医師が行います。服薬通院で良いと判断されれば、家事などの負担を軽くして、できることから取り組むこともあるでしょうし、カウンセリングを受けながら仕事を続ける人もいるでしょう。生きている実感が持てたら、その後は、場所見知りや人見知りを経験して、育ち直る過程を歩むようにすることです。子どもの育つ過程を見ながら、自身の乳幼児体験を補充し、立ち直っていくケースもあります。

日本は、明治時代に欧米諸国に追いつけ追い越せと工業化に取り組みました。アメリカから招聘されて何度か来日したエドワード・S・モース博士は、日本の親子を見て、「日本はすでに児童問題を解決している」と日記に綴っています。これはどう理解したら良いでしょうか。

欧米諸国は工業化を成し遂げ、女性も労働者として働くようになっている中、子どもが健やかに育っていない状況が社会問題化していることを表していると言えます。第２次世界大戦後、日本は敗戦の廃墟から立ち直ろうと復興に取り組みました。そのとき、１９６０年代スポック博士の育児書をもてはやし「母乳育児を否定」「将来の自立のために抱き癖を付けるな」と言った子育て論を展開しました。晩年スポック博士は自らの考えを反省したと聞いています。

流行に乗ってスキンシップを経験しなかった赤ちゃんはどうなったのでしょうか。初期の頃は、保育者との出会いでスキンシップを経験できましたが、時代が進むにつれて、保育者自身がスキンシップを経験していない人が多数派になり、保育で子どもはスキンシップを経験できなくなっています。そして、スキンシップを経験しないまま、大人になることになります。

発達の順序の最初でつまずいている人が本来の発達をするには、スキンシップから経験し直す必要があります。乳幼児ならまだしも小学生以上、特に思春期以降の青年や大人の場合には、これを請け負ってくれる人はいないでしょう。発達は順序を飛び越えることができないものですので、スキンシップを経験できなければ問題解決とはなりません。その先の発達課題である「場所見知り」「人見知り・後追い」「言葉を覚えてやりとりする」「譲ったり譲ってもらったり」まで経験するとひとまずやり直したと言えますが、人生のやり直しとして、これらを誰が請け負ってくれるでしょうか。

50歳くらいまでの人は、親であっても、医師や心理学などの専門家と言われる人であっても、自分の生育歴を調べて、人としての基礎となる乳幼児体験をしているのかどうか点検する必要があります。子育て相談に従事する専門家は、専門家である前に自分自身の生育歴を調べ、親の立場を経験している専門家は、我が子の育ちを点検し、必要なら育て直しに取り組むことです。それと平行して、専門家として育て直し事例を持つようにしながら活動することを願うものです。

さらに、現代を構成する大人は、甘えることを経験していない人、あるいは人見知り・後追いを経験していない人が多数派になっていると思います。人格形成の基礎を培っていないので、専門家による従来の助言・指導が理解できない人が増えているのではないでしょうか。頭では分かっても、実際の関わり方になると経験がないので関わることができなかったり、自分の育ちと向き合うことを避けて、専門家に任せることで親の責任を果たしていると思っている人もいるかも知れません。

このような事例を見ていると、問題を解決するには、子どもの育て直し、親の養育能力、保育者の保育力、専門家の育ちなどが絡んでいると考えられ、従来の診断とそれに伴う治療というパターンでは、問題解決に至らないことになります。新たな発想が必要です。

問題の形成過程、問題の特徴等を理解して、問題解決を図ろうとする方法や考え方を「医学・心理学モデル」と言い、おんぶや抱っこの経験者が多数派の時代には通用したのではないかと思われます。

それに対し、親であっても子どもであっても、人としての基礎を培うように、経験不足の乳幼児体験を経験することで問題解決にあたる方法や考え方を「人格形成モデル」と言います。

育ての親に育て直しを受けた人が、自分の経験を活かす形で非行や不登校などの問題解決に取り組んだり、アルコール依存症者の集いや薬物依存症者の集いなど、苦い経験をした仲間で問題解決に取り組む活動が盛んになっています。これらの活動は、共感性を持ちやすいことで、本人は孤独からの解放を期待できますが、指導者（元経験者）に成長・発達の視点がないと単なる居場所の提供になるだけです。しかし、もし「赤ちゃんが大人になる道筋」を学習して、自分ができる育て直しをしたら、当面の問題解決だけではなく、育ち直る経験ができる集いの場になります。

発達の視点で対象者及び関係者を理解し、気になる姿が認められた場合は、3歳以前の不足している乳幼児体験を経験することで、育ち直る過程を歩みます。そのために、関心と助け合う仲間作りが必要であると思います。

「角田メソッド」は、「赤ちゃんが大人になる道筋」に沿った関わり方を行うことを基本としています。問題行動や症状は、年相応の関わり方に不足があった結果と捉え、不足している乳幼児体験を、何歳からでも、誰からでも経験させてもらえたら、問題行動や症状は減弱します。人として必要な乳幼児体験ができれば、育ち直ることができるとする「人格形成モデル・育て直しモデル」で問題解決にあたる取り組みです。

かいた いきものの なまえ
ざりがに
かんさつした日・てんき
8 月 16 日 てんき はれ
まえにすすむときは、ながいヒゲをムチ
みたいにヒュンヒュンうごかしていた。
てをちかづけると、おおきなハサミをあげておこった。
きみが いちばん 大はっけんだと おもった ことを おしえてね。
えさはちいさなハサミでつかんでたべてた。

第４章

問題行動や症状と育て直し

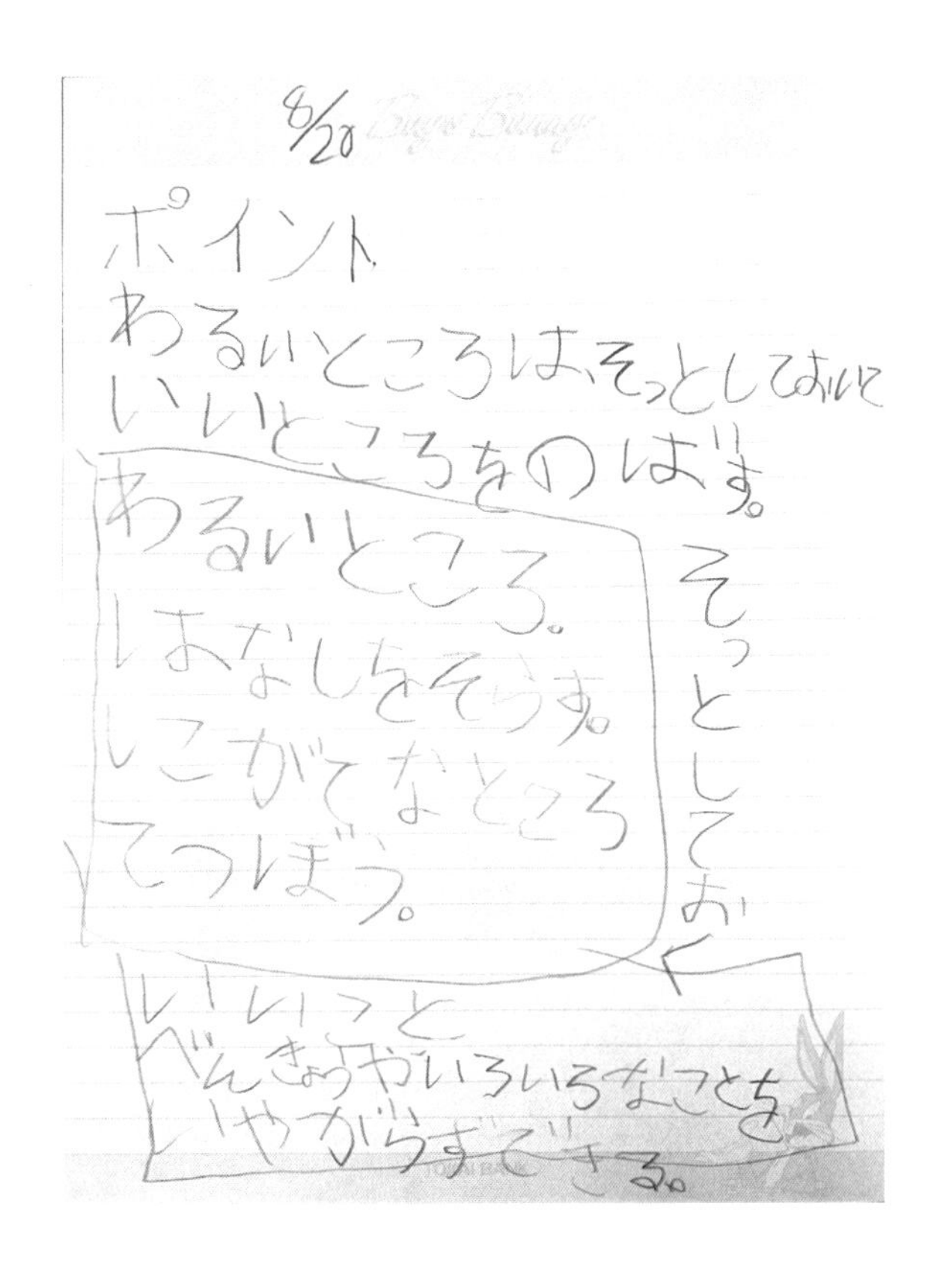

1. 人見知り・後追いと育て直し

「人見知り」現象は、赤ちゃんが生後半年頃から起きる現象です。一般的に、「人見知り」とは、母親以外の知らない人や怖いと感じる人を見ると、泣き出したり、避けたり、逃げたりすることです。「後追い」現象は、人見知りが起きた後に現れる現象で、一般的に母親が見えなくなると、泣いて訴えたり泣きながら後を追ったりすることです。

生後半年から1年くらいの時期に、母親が離れても「後追い」が起きない場合は、子どもが母親を「大好き」と思っていないことになります。「後追い」が起きても、泣かせておくと子どもはあきらめて泣き止むようになるかも知れませんが、母親との間で信頼関係を築けないことになりますので、他の人との関係作りにおいても障害となります。

年中や年長になっても友達ができない園児や、学校に入ってからも友達ができないと悩んでいる子どもの母親の相談では、初めに、子どもの生育歴を聞くようにしています。すると、人見知りや後追いが長く続いて悩んでいたとか、人見知りがなくてすぐ仲良くなったので良いことと思っていたと語られます。また、友人関係で悩んでいたり、友達が多数いるが孤独を感じているなどで悩んでいるという青年や成年に生育歴を調べてもらうと、「人見知り・後追い」現象が見られなかったり、長引いて今に至っている場合もあります。

友達が欲しくてもどうしたら良いか分からない人の悩みに耳を傾けていると、誰を選んだら良いか、誰を避けたら良いか分からないと言います。この人と友達になりたいと思っても、遊び方が分からないとか声の掛け方を知らないなど、友達を選ぶまでの発達につまずいていることが見受けられます。就職してしばらくしたら、人間関係が煩わしくなりひきこもった成年からは、誰を信じたら良いか分からなくなったと聞いています。そこには、親子関係の、特に母親との思い出が乏しいという問題がうかがえます。

こうした人間関係で悩んでいる人の相談に乗るときは、誰の傍にいるとホッとするか、誰に興味があるかから一緒に考えるようにします。好きな人が複数見つかったら、その中で一番甘えたい人、あるいは頼りにしたい人を選ぶのです。大好きな人に受け入れられると、拠り所が見つかりますので、急に生きる元気が出てきます。自分が見聞したことを話すと聞いてもらえますし、失敗しても笑われることなく、一緒に遊ぶことができます。そして、遊び方を覚えたり、遊ぶレパートリーが増えたり、大好きな人と一緒に他の人とも遊んだり、大好きな人の居場所を確かめながら遊びに出ていくこともできるようになります。

思春期以降になって、「人見知り・後追い」を経験するときは、母親との間で経験できれば幸いなことですが、育ての親を代理ママとして経験をしても、人間関係の取り方を経験できます。この経験で、子どもは自己肯定感を持つことができると思います。その後、代理ママと離れるまでに母親を大好きになって受け入れられることが望ましいです。母親に移行できないと母子関係の形成ができないので、母親は思春期以降に、子どもから突き放されることになります。

「人見知り・後追い」体験は、子どもにとっても親にとっても、人としての基礎経験となり、友人作りや人間関係の取り方に役立ちますので、大人になる過程で大事な経験と考えます。

2.　発達障害と育て直し

「発達障害」とは、自閉症、注意欠陥多動性障害（ＡＤＨＤ）、アスペルガー症候群などの診断が出ている、幼児から大人に対する総称です。２００５（平成17）年に、発達障害者支援法が施行された頃から一般に知られるようになりました。この障害は、生まれながらの脳機能障害による結果で、改善されることはあっても治る病気ではないと、一般的に理解されています。

しかし、実践活動を通して言えることは、この定義に疑問を持つことがあると言うことです。それは、診断は診断として承知しながら、くすぐって抱きしめる関わり方で「育て直し」に取り組むと、子どもに変化・成長が見られるからです。今のところ、育て直しに取り組んで、3ヶ月あるいは半年経っても変化・成長の見られなかった事例には出会っていません。

発達障害の診断が出ている人の特徴に、誰にも「甘えることができない」ことが挙げられます。大変な緊張状態にあるため、人に甘えてリラックスすることを知らないと考えられ、「赤ちゃんが大人になる道筋」に照らしてみると、生後3ヶ月頃の「微笑み」が見られないと言うことになります。これは、子どもにとって好ましくない胎教を受けたか、出生後も好ましい育児環境でなかったからではないかと思われ、そのような状態の子どもの幼児期において「発達障害」との診断がでることがあると考えます。しかし、その後の人生での育ての親との出会いの有無、時期などによって、変化・成長が見られる場合もあります。

乳児期や幼児期早期に「微笑み」が見られなかったからと言って、全ての子どもが発達障害と診断されるわけではありません。ただ、発達の順序に従って、「微笑み」

が見られるように取り組むことは、その後の成長・発達にとって「はじめの一歩」として大切なことだと思います。ですから、「微笑み」の見られない人には心身の緊張をほぐし、リラックスができるように、くすぐって抱きしめる関わり方を行うことが即効的で特効的です。

しかし、「微笑み」の見られない人をくすぐって抱きしめようとしても、すぐには受け入れることができず拒否されることがあります。子どもの場合、くすぐると、初めはじっと我慢したり、笑いをこらえたり、逃げだそうとしたりしますが、時間を見つけて繰り返し行っていると、表情が緩んだり、体をくねらせたり、一端は逃げ出しても追いかけて欲しそうな素振りを見せたり、ほかの子どもとくすぐり合いっこをしているとそばに近づいてきたりするようになります。さらに続けて取り組んでいると、声を出して笑ったり、くすぐり返しをしてくるようになります。できることなら、一緒にじゃれ合うことができるようになると良いでしょう。

それだけで関係が終わるのではなく、自分から膝に入ろうとしたり、抱っこを求めたり、さらには、くすぐってくれる人にしがみついたり、他児に関わらないで自分だけを相手するようにと独り占めをするようになります。こうして、くすぐってくれる人を大好きになってそれに満足すると、その大好きな人を基地にして出歩くようになります。

個人差はありますが、乳幼児であれば、早ければ1週間で、相談経験や事例援助では、遅くとも、1ヶ月から2ヶ月後には事例に変化・成長が見られました。

発達障害との診断が出ている事例でも保育者がくすぐって抱きしめる関わる方をすると、子どもに変化・成長が見られることがあります。しかし、この場合、全ての母親が我が子の変化・成長を認め、素直に喜ぶとは限りません。中には、不自然な転園や退園に至る事例もあります。我が子の変化・成長を素直に喜べなくて、母親としての悩みを打ち明けてくる母親もいるのです。母親には母親自身の乳幼児期のつらい体験があるので、それを誰かに聞いてもらうことが大切です。誰かに気持ち良くスキンシップをしてもらうと、母親に笑顔が見られるようになり、変化・成長が始まります。マッサージを受けて、体が柔らかくなることで心がほぐれる人もいます。

我が子の変化・成長を母親が認められるようになると、主治医に家庭や園での様子を詳しく伝えることができ、これらの条件がそろうことで「発達障害」の診断が外れ、通院しなくて良くなった事例もいくつかあります。

「発達障害」の診断は、医学の問題ですから、診断については医師に任せますが「発達障害」と診断の出ている子どもに直接関わる人は、子どもをくすぐって抱きしめることから関わり、甘えられるようにすることを勧めます。それができるようになると、診断特徴に変化が出てくるようになります。

次に、思春期や大人の「発達障害」を、どのように考えるかという問題です。症例は少ないですが、発達障害の診断が出ているかどうかにかかわらず、そこには人間関係の取りにくさが見られますので、周囲の方はくすぐり合いができるかどうかから関わってみてください。いきなり関わるとトラブルに発展しますから、「小さいときから甘えることを経験しないまま、頑張って生きてきたのではありませんか」「大人になる過程で必要な経験ですから、それを今から挑戦しませんか」などと話してみてください。原体験である乳幼児体験を今から経験することになりますので、頑張って生きてきたことを認め、さぞかしいろいろな苦労があったであろうことを思いやる気持ちで関わりましょう。

診断が出ないと関わり方・治療法が分からないという考え方もありますが、表情が硬く、くすぐっても笑えない人は、スキンシップをすぐに受け入れることができないと思いますので、診断が出るまで待つのではなく、くすぐって抱きしめたり、エプロン遊びを応用したシーツ遊びに取りかかることを勧めます。そのとき、周囲に育ちの歪みを理解されることなく生きてきた事情があることを忘れてはいけません。

また、彼らの育て直しに取り組んだ人の中には、気が付くのが遅くなったことを申し訳ないと思ったと言う人もいます。これから育て直しに取り組む人は、彼らに説明するときにその気持ちで「謝る」ことを勧めています。取り組んでいる途中でも「謝る」と、急に親密感が持てるようになったとの報告も届いています。

育て直しに取り組む人は「赤ちゃんが大人になる道筋」、中でも乳幼児体験が具体的に分かっている必要があります。なぜなら、少し良くなると、つい期待して、年相応の児童生徒や大人に対するような関わり方をしがちだからです。そうすると、そこから関係が悪化していく場合もあります。

乳幼児期にしても、思春期の子どもにしても、大人であっても「微笑み」がなかった人に「微笑み」が出てきたということは、何歳であっても、そこから育ち直りが始まったことになります。ことわざにいう「笑う門には福来たり」とは名言であると思います。

3. 依存症と育て直し

「依存症」とは、以前は嗜癖（しへき）とも、中毒とも言いましたが、近年は、アルコール依存とか薬物依存という名称で知られるようになりました。他に、ゲーム依存症、ギャンブル依存症、薬物依存、買い物依存、セックス依存症、ワーカーホリック（仕事中毒）など〇〇依存症と名のつく病気はたくさんあります。これらの依存症は、思春期以降の大人を対象としたものでしたが、最近では、幼児から大人までを対象にした「スマホ依存症」が知られるようになっています。そして、依存症には、

「行為依存」と「物依存」とがあると言われています。

「行為依存」は、買い物依存症であれば、衝動的に買うばかりで使用しないで貯め込み、さらには借金をして自己破産する事例などで、スマホ依存症は、幼児から大人までが対象で、ユーチューブを見ることやゲームを生活が乱れるまで続けるものです。その結果、不登校になったり、仕事を辞めたり、転職を繰り返したりし、そのまま引きこもりになってしまう場合もあります。

「物依存」とは、物にしがみついたり強いこだわりを持っていたりする状態です。例えば、お酒です。お酒は百薬の長とも言いますので、お酒を飲んではいけないということではありません。お酒を飲み過ぎて荒れる、人に突っかかる、仕事に行けなくなるという状態になり、周囲を困らせ、アルコール依存症という診断が出れば、断酒を勧められます。そして酒害者の集まりに参加するなど、飲酒しない生活ができるように活動することを提案されます。

また、シンナー依存者が、シンナーが手に入らなくなったら、アルコール（カンチュウハイ）依存になる「平行依存」もあると言われています。これは、依存している物を隠したり、依存行為を行えないようにするだけでは、問題解決にならないことを示しています。

さらに、どちらかが依存症の夫婦の場合、例えば、配偶者が断酒をするように注意・監視することが役目であると思って関わっている場合があります。配偶者が依存症で苦労していると、周囲から同情されることで救われている人もいます。そのような場合は、酒を飲む、飲まないに関係なく、共依存状態と言えます。

アルコール依存症の本人の言い分に耳を傾けていると、例えば、「酒は身内」という場合と「酒は友達」という場合があります。「酒は友達」という人の言い分を聞いてみると、酒を飲み始めた当初は「酒は身内」であったが、「自分は１人ではない」「こんな自分でも心配してくれる人が見つかった」等と感じたとき、「酒は友達」になったと気が付くようです。

依存症になるまでの生育歴に関心を持って見ると、本来の「人見知り・後追い」現象が見られなかった場合が目立ちます。乳児期では、愛嬌があった、社会性があって社交的であったと言われていたり、幼児になると友達ができなかったとか人間関係が取りにくかったと語る人もいます。逆に、だれとでもすぐ友達になれたと言う人もいます。

これらを踏まえ、成長・発達の視点で依存症を理解すると、第2課題（安全・安心）で乳幼児体験が止まっており、次の第3課題（人見知り・後追い）が未達であると言えます。第2課題の段階では、誰を大好きになったら良いかはっきりしていない人間関係の中で生きていることになります。ですから、何かにこだわることで、それを自分の生きる支えにしていると言えます。

第3課題を達成していると、自分は1人ではないことが分かり、大好きな人が見つかり、遊びに夢中になります。2～3歳でスマホに関心を示し、操作を覚え、ゲームをするようになっても、自分とスマホ、自分とゲームとの関係を理解できますし、周囲への関心事の一つ、または、遊びの一つとしての理解が可能となります。つまり、大好きな人との関係で、スマホもゲームもコントロールができるのです。

幼児の母親から、幼児とスマホの関係で、何分くらいで止めさせるが良いか、何歳からスマホやパソコンを持たせたら良いかとの質問が出ることがあります。ある中学校では、先生、保護者、生徒で話し合って、午後９時になると保護者にスマホを渡すことにしたと聞きましたが、中学生だけの問題であればこの取り決めで良いかもしれません。しかし、スマホ依存は、高校生、大学生、大人にも見られる病気と言われています。ある県は、条例でゲーム・スマートフォンの使用時間を制限し、規制しようとしていますが、これでは自立した大人になることを目指している人を対象にしていないことになります。大切なことは、子どもでも大人でも第３課題を達成していることです。

我が子が依存症にならないためには、育児にあたっている人が、大人になる道筋の大切なポイントである第３課題の「人見知り・後追い」の課題を達成するように努めることです。子育てに当たっている親は、生後６ヶ月から１歳頃に経験する「人見知り・後追い」があったかどうかを点検し、その経験がなければ、今まで我が子に寂しい思いをさせていたことに謝罪し、今からやり直そうと取り組むことです。そうすれば、ゲーム・スマホを使用する姿に減弱が見られ、子どもが自制するようになります。

育ての親が、子どもや大人を見てスマホ依存かもしれないと思ったときは、「人見知り・後追い」経験があったかを親と一緒に調べることです。その経験がなかったら、今まで孤立して孤独で生きてきた本人の孤立感、孤独感に関心を向けて、理解に努めることです。親が理解しないだけでなく、他の大人にもしてもらえないことに口惜しい思いをしているかも知れないことに関心を持って、耳を傾けましょう。そして、一時的に自分が「代理ママ」になったり、「代理ママ」を見つける協力をしても良いでしょう。依存症の本人は、誰かに、自分の気持ちを聴いてもらえると、孤独・孤立している状態から解放されることになり、「依存症」状態でなくなります。これで問題解決したと考え、直ぐに年相応の言動を期待したり、要求したりしがちですが、さらに乳幼児体験に関心を持ち、成長・発達する関わりをしましょう。第4課題（言葉を覚え、やりとりする）、第5課題（譲ったり、譲ってもらったり）の達成までは、学習や勤労を期待することは控えたいものです。

4. 虐待と育て直し

「児童虐待」には、「身体的虐待」、「心理的虐待」、「性的虐待」、「ネグレクト・養育放棄」の４つのタイプがあると法律で示されています。具体的に内容を見たとき、親の我が子への関わり方が虐待であるかどうかの境界は難しいと思います。その代表が、虐待している人が言う「しつけ」と言う言い分です。これは、主に虐待している人が、自分もされてきたことが前提となっていると推察しています。中でも「身体的虐待」が何かと取り上げられるのは、アザ、傷跡、骨折などは目に見えて、動かない証拠になりやすいですし、残念なことに「死亡」する事例も見られるからでしょう。他の「虐待」については、実際には判断が難しいと思われます。

「虐待」がマスコミで取り上げられるとき、報道姿勢やコメンテーターの発言内容にも疑問を感じることがあります。それは、犯罪に相当する虐待をしたかどうかを問題にしたり、「虐待」を善悪で考えたり、学校や児童相談所など関係機関の責任追及をしたりする姿勢が目立つからです。もちろん、関係機関に責任がないと言っているのではありませんが、我が子を虐待する親は、どのような過去のある親なのかに関心を向けて取り上げることは珍しいです。どうして、このようなことが起きるのか、考える必要があると思います。

「虐待」を疑ったとき、国民は直接、あるいは児童委員などを通して役所や児童相談所に通報する義務を負っています。通報を受けた役所や児童相談所は、関係者を集めて会議を持ち、問題解決への話し合いを行います。このとき、最も重要なことは誰が虐待する親に寄り添い、誰が虐待されている子どもの育て直しに取り組むかを話し合うことです。もしそれがなかったら、会議への参加者は虐待に加担していると同じであると言えます。

まず、「親」や「育ての親」にかわいがられた楽しい思い出を持っている人が、親になって我が子に「虐待」行為をした事例に出会ったことがありません。我が子を虐待する親は、虐待された経験を持っている場合が多く、それを我が子に繰り返していることがあります。かわいがり方が分からず、良い子にしようとつい手が出たり、暴言を吐いたりすることもあるようです。そこへ、周囲から「虐待しているのではないか」と疑った目で見られたり、関わり方をされたりすると、一層追い詰められることになり、虐待をエスカレートさせている事例にも関わってきました。

幼少時代に虐待を受けていても、成人するまでに誰かにかわいがってもらう経験をすると、親になったときに虐待を繰り返さないものです。親になったら繰り返したくないと、思っているだけでは実効性が怪しく、別のタイプの虐待を行ったり、気が付いたときには繰り返している事例もあります。虐待が起きないようにするためには、何歳であっても良いので、誰かにかわいがってもらう体験が必要です。

どちらか片方の親が、子どもの誰かを虐待しているかも知れないと思ったとき、もう一方の親は何をしたら良いでしょうか。まず、虐待する親に対して、善悪で考えな

いで理解することに関心を向けることです。子どもに対して行なっているひどい関わり方をこの親はその親からされてきたのかも知れませんので、本人に幼少時代の思い出を聞いてみることです。虐待はあってはならないことですが、虐待する親の言い分を聞くことなく、頭から疑い、善悪で判断しようとする姿勢では問題解決に向かうとは思えません。

子どもに対しては、虐待する親の幼少時代を話しながら、虐待する親の陰で子どもをかばうように関わることです。虐待されていても片親がかばっていてくれることが分かれば、救いとなり耐えられるものです。また時間があれば、そのとき、どうされたら良いか、どう言われたら良いかを一緒に考えることです。

ひどい関わり方に対して、どうしても善悪の感情でしかとらえられないときは、友人や専門家に話を聞いてもらって、冷静に考えられるように助けてもらい、改善に取り組むと良いでしょう。

家族以外の人が、親の虐待を疑うような関わり方を知った場合も、その人の関わり方を善悪で判断しないことです。ひどい関わり方をしていることについて、すでに誰かから非難されて追い詰められている可能性もありますので、その人の言い分を聞くように努めることです。いつ頃から、どのようなつもりで子どもに関わったかを聞き、言い分を認めながら、子どもの発達段階を把握し、子どもの反応を頼りにどう関わったら良いか一緒に考えることです。

それでは、「虐待が解決する」とか「虐待防止」とは、何を指しているのでしょうか。それは、誰かが虐待する親からその言い分を聞き出し、つらかった乳幼児体験を認めることでしょう。そして、誰かが被虐待児に笑顔が出て、さらに子どもらしさが出てくるように関わることです。そうすれば、虐待してきた親も自分の言い分を聞いてもらっているので、虐待を続けることはなくなり、子どもの発達に合わせた関わり方を覚え、親として自分なりに我が子の成長に関心を示していくものです。

5. いじめと育て直し

一般的に「いじめ」は複数が集まる集団の中で起きることですが、「いじめ」と聞くと、良くないこと、やってはいけないことと思う人が多いようです。果たして、そうした理解だけで良いのでしょうか。

幼稚園でいじめていた子どもが、小学校へ行くといじめられる側になったり、小学校でいじめられていた子どもが、中学生になっていじめる側になっている場合もあります。進級や進学という機会において「いじめ」をどう考えたら良いでしょうか。

0歳から2歳くらいまででいじめが起きることは聞いたことがありません。年齢相応に育っている子どもは、年中から年長になる頃と小学6年から中学1年頃の二度、いじめたりいじめられたりを経験します。これを、「健全ないじめ」と私は言っています。

原体験期であっても、自己確立期であっても、対等な2人遊びができているからといって、すぐに３人で遊ぶことはできないようです。ですが、仲好し３人で遊ぶことができるようになると、いじめはほとんど起きないでしょう。子どもでも大人でも対等な３人遊びの基礎が培われている人達が多数を占めていると、いじめは起き難くなると思います。

我が子がいじめられていることを知ったときには、親は、園や学校に知らせる前に、まず、我が子を守る気持ちになることです。その上で、くすぐったら笑えるか、場所見知り、人見知り・後追いはあったか、言葉でのやりとり（言動の一致）はできていたかなど、我が子の今までの生育歴と育ちを確かめることです。そのどこかの段階が不確かであったなら、まず、我が子に謝り、この機会にその段階の乳幼児経験を経験するように関わることです。親だけの養育力でできなければ、保育者や教育者に助けを求めることです。その場合には、「親としてできることはするが、あなたが大人になるために誰かに助けてもらおう」と我が子に頭を下げ、告げることです。我が子に謝罪することなく、いきなり保育者や教育者に相談する動きは、子どもから見ると、子どもに向き合わない情けない親の姿として映ることになりますし、一層孤立感、孤独感を深めることになります。

「いじめ」あるいは「いじめかも」と知って、保育者や先生など「育ての親」が相談に乗るときは、いじめる側もいじめられる側も、子ども一人ひとりの発達段階を確かめることから始めましょう。いじめを「被害者・加害者」の図式で考えると、一人ひとりの成長・発達の展開を見ることが難しいと思います。また、頭から「いじめる側が悪い」といいきさつを聞かないで、決めつけて関わることも避けたいです。いじめられている本人やその保護者からは、子どもと親の両方の育ち・生育歴を聞くようにし、誰が味方になっているか、頼る人がいるかを探すようにします。深刻な場合ほど、孤独で孤立しているように思いますので、相談者自身が彼らの味方になる覚悟が必要な場合もあります。

さらに、保育者や教育者からクラスでいじめが起きているが、どう対応したら良いかと相談を受ける場合は、いじめが起きるに至った過程を親からも聞いて、一人ひとりがどの段階までの育ちをしているか、見当を付けるように努めます。

経験上、いじめられる側もいじめる側もその発達段階を見ると、第5課題の対等な2

人遊びができるまでに育っていないようです。深刻になる場合は、第３課題の人見知り・後追い体験も見受けられません。加えて、親や保育者、教育者など「育ての親」が第５課題まで達成していないと、それぞれの育ちを見ることができないだけでなく、子ども達に関わることができないのです。

いじめがからむ「死亡」事件では、「死亡」した人は、誰からも守られておらず、孤立無援状態で生きていたことになりますので、第１課題（実感）から生育歴を点検する必要があります。第２課題（安全・安心）のように、一旦集団から離れて１人でいる覚悟をすると、孤独ではあってもいじめられにくくなりますし、第３課題（人見知り・後追い）の体験があると、仮にいじめられて

いても相談する人がいますので、最後は頼ることができます。グループの中で第5課題（仲好し）まで達成している人がいたら、いじめられている人を支えるように関わることもあります。人見知り・後追い経験があっても、第4課題（言葉）が未達の場合、本人が優柔不断であったり、言動の不一致があったりすると、いじめの対象になります。周囲の人は、いじめられている人がいじめグループから外れるように関わるだけでなく、本人が言動の一致を見るように関わることを忘れてはなりません。

このように、子どもの発達段階の見立てにより、関わり方が分かってきます。相談を受けた人には、どのように親が関わるのか、その親を誰が支援するのか、誰が保育者や教育者を支援するのか、さらには誰がいじめられている本人を支援するかの判断が求められます。

いじめられている人が自分の育ちと向き合い、それを受け止めて、育ち直るように支援することで、いじめ問題の解決への道が開けます。そして、いじめられなければ良いのではなく、あくまで第5課題（仲好し）まで課題達成する必要があると考えます。できれば、仲好し3人で遊べるように成長・発達するまで関わりましょう。

年中から年長頃に、3人で遊べる経験をしていれば、小学6年から中学1年頃に仲間作りをする時期にも、親や教育者の説明や助言・指導で課題を達成することができ、結果、いじめ問題の解決に至ります。そして、進級、転校、進学などでも、周囲の子ども達の様子を見て友達を見つける力を持っていますので、いじめられにくくなるでしょう。その上、本人が親になったとき、自分の子どもを第５課題まで育てることができます。

いじめられていた子どもの親と面談すると、親自身がいじめられていた経験を持っていることが多く、それをどう乗り越えたかが課題となってきます。いじめ防止運動の中で、「傍観するな、止めに入ろう」と勧めることがありますが、介入したら自分がいじめの標的にされた事例も聞きます。いじめを善と悪の図式で考えて、善行をすると言う関わり方は勧められません。あくまで、自分の育ちが第５課題まで達成しているかどうかを点検しながら、いじめ問題に関わって欲しいものです。

いじめは子どもの世界だけでなく、大人の世界でも起きています。いじめは防止するだけでは解決しません。発想を変えて、３人で遊べる人格を形成すると解決するのです。

6. 不登校と育て直し

不登校は、小中学校、高校で、明らかな病気やケガで登校できない場合を除いて、登校できない状態が続くことを言います。本来、学校は学習するところですから、それまでに「生きる力」が付いていることが前提です。不登校になるということは、学習をする人としても基礎力が培われていないことになります。

きっかけとしては、進級、転校、部活等などでの人間関係やトラブルが挙げられますが、本来、「不登校」は学校の責任ではなく、大人になる過程で、年相応の関わり方をしてもらえなかった結果が「不登校」と言う形で現れていると考えます。同じ世代で学校生活を生き生きと過ごしている子ども達もいますので、この差はなにかを比較して考えてみることにしましょう。

日本では小中学校は義務教育ですので、不登校は何かと騒がれることになりますが、園生活でも「登園渋り」「登園拒否」が起きています。義務教育ではないので、そのうちに何とかなると考えがちです。大学生であれば、留年して卒業するか社会人として生きるかなど考えて対処していきます。

歴史を振り返ると、不登校が増え始めた頃は、親や教育者が無理矢理子どもを家から引っ張り出して学校に連れ出すこともありました。本人は学校が怖いと訴えるので、「学校恐怖症」と呼ばれた時代もあります。教育者は、学校に連れて来さえすれば何とかするし、何とかなると言っていたこともあります。親も、学校にさえ連れて行けば、先生が何とかしてくれると期待したものです。登校だけで言えば、確かに登校した事例はあります。

その後は、登校だけが大事なことかと言った考え方も出てきて、地域に集いの場を作り、何とかそこでの生活を通して上級学校へ進学し、社会に出た事例もありした。最近では、学校の空き教室に居場所を設けたり、学校以外の集う場も用意・整備されたりしています。そして、顔を見せれば登校日数にカウントし、卒業認定することが主眼のように行われています。

本来、健やかに育っていたら、喜んで学校に出かけ、学校生活を楽しむことができると思います。再び自主的に学校生活を楽しめるようになるには、「生きる力」を身に付けることが大切です。すなわち、いかにして登校させようかと考えるのではなく、自力登校できるように「生きる力」を培うことです。そこで、「生きる力」を具体的に表し、誰が、どのように関わるとその力が備わるかを明確にする必要があります。

我が子の不登校が判明したとき、どうしたらよいでしょうか。まず初めに、子どもの生育歴を振り返りましょう。第1段階から点検して、不確かな段階の見当を付けます。そこから、子どもが必要とする関わり方をしてこなかったことになりますので、今まで気が付かずに来てしまい、苦労をかけたことを子どもに詫びることです。そして、登校を急ぐことより、子どもの長い人生を考え、今は人としての基礎を培うチャンスと捉えて育て直しに取り組むことです。それが親の責任です。

親の養育力でできないときには、誰かに助けを求めて、子どもが成長・発達するように手配するなど、親としてできることを行うことが重要です。決して、子どもに詫びることなく、誰かを頼ったり、誰かに任そうとしないことです。

我が子のうち1人だけが、不登校で自分の育ちの危機を訴えているとは限りません。しばらくすると、他のきょうだいが非行を起こしたり登校渋り・不登校を始めたりすることもあります。ときには、より健やかに育っているきょうだいが「私も子どもだ。忘れていないか」と親に訴えることもあります。母親と子ども達の交流が始まると、父親が家族の中で浮いた存在となり、父親の育ちが問題になることもあります。

１人が不登校になった場合、他の子ども達の育ちを点検し、育て直す必要に気が付くことができ、また、親自身が受けてきた関わり方を振り返り、自分の親との親子関係を見直す機会にもなります。親にとってこれは、一家の再生の機会となるか、一家離散の始まりとなるかの分岐点になります。

不登校の場合、「育ての親」とは、園の保育者、学校の先生、スクールカウンセラー、医師などです。不登校になると、初めからあるいは途中から、家族以外の人に会うことを拒む傾向が見られます。ですから、「本人を連れてきてください」という相談者もいますが、親だけが相談に訪れることが多くなります。相談者は、子どもの様子を聞いて、親としてどのように考えたら良いか助言指導してくれますが、本人の相談、指導、治療を専門としていますので、親の関わり方については専門外です。

一方、学校では不登校専門担当者や担任が家庭訪問して登校できるように働きかけをすることがあります。これは、不登校中に「生きる力」を付けようとするものではなく、あくまで、登校すれが何とかなるという発想で児童生徒に働きかけるものです。できれば先生は、家庭訪問したら本人や親に会って、どのような生活をしているかを聞きだし、「生きる力」がどのように付いていくかを見届けながら、学習や学校に関心が出てきたときに誘い出すようにすることです。そのために、親は家庭での様子をきめ細かく先生に伝えるようにしましょう。

家に引きこもり状態で、誰かの助言・指導を受けても改善の兆しが見えないとき、何とかしようとフリースクールのような不登校児童生徒のための居場所が作られました。学校では、生徒指導担当に指導を任せていましたが、不登校児童生徒の増加に対し不登校指導担当者を置き、担任の相談に乗ったり担任のへの援助・指導を行ったりするようにもなりました。さらにスクールカウンセラーを配置したり、空き教室を利用して支援教室を設けたりしています。また、不登校の経験者が立ち直って、不登校者のために役に立とうと、居場所づくりを行う動きも見られます。

長年、各機関、相談所などが「不登校」の問題解決に取り組んで来ましたが、一向に解決の兆しが見えない現状にあるというは過言でしょうか。「不登校」問題の解決に、子どもを健やかな大人にしようとする発想がないことに気付くべきでしょう。

具体的に述べると、第1課題の「実感」、第2課題の「場所見知り」、第3課題の「人見知り・後追い」を体験したり、第4課題の「言葉」を覚え、言葉を使って応答するなど、人としての基礎を培うことが必要です。やりとりが長くできるようになると、自分なりの考えを持つようになるので、相手の考えと調整することを経験する必要があります。第5課題の「譲ったり譲ってもらったり」を経験し、第6課題の「3人遊び」ができる力を養うことです。不登校中にこの基礎を培ったなら、登校して学校生活を楽しみたくなります。それが、自力登校です。重要なことは、不登校中の子どもに、人としての基礎となる乳幼児経験をさせるということです。

また、ただ義務教育を卒業させれば良いのではなく、その子どもが親になったときに自分の子どもを育てられるようにする必要もあります。不登校をきっかけに足りなかった乳幼児体験をし直すことで、親になったときに我が子を不登校にしない子育てができるようになります。実際、不登校経験者が、施設を利用して高校を卒業し、就職して結婚しましたが、育ち直る経験をしていないので、その子どもも不登校になるような子育てをしていると言う事例があるのです。

不登校は、基本的には、学校の扱う問題ではないと考えます。本来、学校は人格形成の基礎を培った子どもに対して、学習する場を用意し、子ども達に大いに学んでもらう場です。小学校は、教師におんぶや抱っこを経験させてもらうところではありませんし、それは教師に期待することではありません。学びたい子どものために、教師は本来の教育業をして欲しいものです。

しかし、実際に学校に不登校児童生徒がいるとき、放置することはできません。自力登校ができるように、不足している乳幼児体験をさせてあげることでしょうが、教師が全ての責任を負う必要はありません。学校や教育委員会も、在籍しているからといって何でも全てに責任を持って対処することではないと思います。

むしろ、学校のできる範囲で不登校児童生徒を育て直すことで、小学校入学までに人としての基礎経験をすると学校教育に間に合うことを、親、子育て関係者、幼稚園や保育園などに具体的に伝えることが必要でしょう。親に人格形成の基礎を培うことができなければ、保育園や幼稚園に人としての基礎を培う保育や教育が求められるのです。保育園や幼稚園などは、育ての親として園児の人格の基礎を培うことを、社会的使命として期待されていることを自覚して欲しいものです。

また、近年の子育てや保育の実態、小中学校の児童生徒の発達を見ていると、年相応に育っている子どもがごく少数派になっていると思います。健やかに育っている子どもにとって、先生は問題のある児童生徒の指導に手間暇を取られ、授業内容は疎かになり、自分と対等な育ち方をしている仲間が見つかりにくい状況が出現していると言えます。クラス替えや転校だけでは、対応できない状況が表面化しつつあり、新たなタイプの「不登校」が現れるのではないかと、危惧する状況であることにも触れておきます。

7. ひきこもりと育て直し

ひきこもりは、主に成人で、家族以外との人間関係がなく、社会参加していない状態を指します。小中学校や高校で不登校となり、卒業はするものの働くことができずに、そのまま自宅にひきこもる生活をしている人もいますし、高校や大学を卒業してから一度は働いても長続きせず、転職を繰り返し、やがて働くことができなくなって、自宅にひきこもった生活をしている人もいます。近年では、20年、30年とひきこもり状態が続き、50歳くらいになっている人とその家族がいて、「８０５０問題」として社会問題化しています。

親や保育者、教育者、相談を受けた専門家は、我が子や子ども達を40歳や50歳までひきこもる状態にさせてきたことに、何を考え、何を行ってきたのでしょうか。ひきこもっている人から見れば、「親は、体だけは大人にしてくれたけれど、心は大人にしてくれなかった上に、親としての責任を果たせなかったことに謝罪もない」と言うことになります。親も育ての親も、普通の社会人としての基礎づくりを行わず、次世代育成に取り組んでこなかったわけですから、そのことを認め、まず謝罪することです。それが、親や育ての親の責任ではないでしょうか。

一方、ある期間ひきこもりの生活をしていても、外に出てアルバイト的なことができるようになった人や一度は不登校やいじめを受けても、そこから育ち直って、大人になっている人もいます。本人が語らなければ、ひきこもっていたことを想像することができないほどで、子育てにおいては、自分と同じことを繰り返さないように、我が子が健やかに育つように関わっている人も知っています。

「８０５０問題」の根底には、赤ちゃんはどのようにして大人になるかという道筋が明らかになっていないことがあると言えます。50年程前の育児環境では、「抱き癖を付けるな」「母乳育児は時代遅れだ」などが流行っていました。当時、妊娠・出産した母親は、時代の流行に従うか、母乳を与え、抱っこやおんぶをするかで、相当に悩んだことと思われます。その選択が、その後の「育ちの格差」となって現れたものと思います。時代の流行に従わないで、母乳育児やおんぶ、抱っこを行う子育てをした人は、人としての基礎を培うことになり、子どもは健やかに大人になる道筋を歩んだことでしょう。しかし、時代の流行を取り入れた親は、子どもを抱っこやおんぶをする等のスキンシップをしませんでした。甘えたり人を頼るといった、人としての基礎経験をしなかった子どもは、どんな大人になったのでしょうか。保育園や幼稚園で、保育者によっておんぶや抱っこを経験して、人としての基礎経験を培うことができた人もいましたが、ミニ学校的な保育を受けた子どもは、人としての基礎経験を培うことなく小学校へ進学しました。

基本的に、学校は学習するところであって、おんぶや抱っこを経験するところでありません。人としての基礎を培っている人とそうでない人が、小学校に入学して、学習することになったとき、人としての基礎経験が培われていない人は、良い子を演じるか不登校や非行のようにして育ちの歪みを訴えるかして、学校生活を送ることになってしまいます。

不登校や非行をきっかけに、人としての基礎となる乳幼児体験をやり直すことができる人とできない人がいます。一方、良い子を演じている人は、一見、育ちに問題がないように思われて、周囲の期待に添う言動を行い続けることになります。

高校や大学などの学校生活は、人としての基礎経験を培って、さらに見聞を広めたいと学習している状態が本来です。しかし、就活に入ったり就職したりすると、徐々に育ちの未熟さが表面化する人がいます。未熟さを隠して人の上に立ち、頑張っている人もいますが、肩書きからは信じられないような不祥事を起こすなどして、職や家族を失う人もいます。

その中で、やがて「ひきこもり」となる人が出てくるのですが、その数が増えて「８０５０問題」として社会問題化していると思います。「８０５０問題」を評論するにあたっては、親が旅立ちを前にする年齢になっても、それを見送ることができず自分自身をもてあましている子どもが、人生をやり直す過程を経て自立すると言う事例が必要です。生きる力を付けて自立した事例を元に、評論する必要があると思います。

ひきこもり成人の育て直しに大切なポイントは、高齢の親が存命中に我が子に対して謝罪し、人としての基礎となる乳幼児体験を経験させてあげることです。ひきこもりと言っても、一人ひとりの発達段階には違いがあります。ひきこもりの育て直しには、４～5年くらいは掛かると覚悟して取り組みましょう。育ての親の乳幼児体験も問われますので、ひきこもっている人が必要としている乳幼児体験を自分が体験させてあげられないと思ったときには、より相応しい人にお願いするなり助けてもらうことです。

今までの子育てのありのままを認め、我が子の生育歴を認めることが、親の取る責任です。一度謝れば済むことではありません。我が子が育ち直るに従って、親としての不十分さに向き合うことになりますので、そこで、再び謝る必要性を感じることになります。孫ができて、その成長・発達を見ると、親として我が子に本当に申し訳なかったという気持ちになります。その都度、子どもに詫びながら、孫の健やかな成長・発達のために自分のできる関わり方を行うことです。親が謝罪することで、子どもは、今まで真綿で首を絞められるほどつらかった気持ちの整理ができます。そして、親に期待することができるようになり、親以外の人の世話になって大人になる過程を歩むこともできるようになります。

親以外の「育ての親」が、ひきこもりの成人を大人にする関わり方を行うとき、人格形成の基礎が培われてこなかったことを理解して、どの段階からやり直したら良いか、見立てます。そして、ひきこもりの人が必要としている乳幼児体験を経験させてあげることです。赤ちゃんはおおよそ20年掛けて大人になることを考えて、すぐに大人として行動することを期待しないことも重要です。

育ての親は、親が子どもに謝ったかどうかを踏まえながら、ひきこもっていた人には感情が動くように関わることです。中には、シーツ遊びで胎児体験のやり直しが必要な人もいますが、この経験で問題解決したと考えないで、次の発達課題である場所見知りの課題を達成し、１人ではないことを実感するように関わることです。次に、自分の行動、感情、意思を言葉にして、言葉でやりとりできるようになることです。そして、自分の考え・意志が持てるようになったら、相手にも考え・意志があるので、譲ったり譲ってもらったりを経験することです。ここまでの乳幼児体験を経験できたなら、ひきこもっていた人は自立したと言っても良いでしょう。

第5章

相談活動から学んだこと

長年、赤ちゃんから老人世代までの心の悩み相談に従事してきました。人生をやり直す支援をすることを心がけていますが、私が持っていた常識や知識だけでは、理解不足であったり、誤解していたりすることがたくさんあり、多くのことを学ばせてもらっています。人間が健やかに育つために、また、育ち直るために役立つだろうと思われるお話の一部を紹介します。

1. 依存症の相談にのって

依存症というと、アルコール依存、ギャンブル依存、薬物依存などが取り上げられますが、これはいずれも大人の問題です。しかし最近問題になっているスマホ依存は子どもから大人までが対象となります。依存症の従来の対処法としては、物や行為に依存させないように注意指導することが求められていますが、それらを見直す必要を教えてくれているのがスマホ依存だと思います。依存症は依存する対象が物や行為であって、依存する人は孤独で孤立している状態ですから「自分は一人ではない」と感覚的に分かる関わり方、つまり依存対象が「身内」から「友達」になる乳幼児体験が必要です。

事例1：「酒は身内」か「酒は友達」か、最初に確かめた元酒害者の紹介

この方は、若い頃から大酒飲みで地域では有名でしたが、酒を飲むと暴れるようになり、「アルコール依存症」との診断が出ていました。「断酒会」に参加して、断酒歴10年表彰も受けて、役員を務めるまでになっていたそうですが、再飲酒が始まったことに奥さんは気が付いていました。

そして肝機能の低下で手術を受け、余命わずかとの診断が出ていました。再飲酒する話は度々耳にするのですが、奥さんからの「夫は息子の就職を見届けたいと言って、枕元にコップ酒を置いて断酒している」という報告に関心を持ちました。

奥さんの話では、「酒は友達」の状態になったと本人が訴えているように思えましたので、後日訪問して面談の機会を得ました。「酒害者が『酒は身内か、酒は友達か』の言葉の使い分けをしていると気が付いたので確かめに来た」と、今までの経過を話し、私の話を聞いての感想を彼に求めましたが、返事は曖昧でした。しかし、会話をしていくうちに「酒が身内」から「酒は友達」になったとますます確信が強まったので、「最後にもう一度感想を聞くが、今はあなたにとって『酒が身内ではなく、友達になった』と理解するが、違うだろうか。私のこの理解が違うなら、違うと言って欲しい」と迫ったところ、彼は次のように語ってくれました。「オムツを替えてくれたのはこの妻であった。こんなことをしてくれる女はどこにもいないと思っていたが、こいつがいると分かった。今は、命は長くないと聞いているが、息子の就職する姿を見届けたい。枕元の酒を飲んでもいいよと言われても、俺は欲しくない」と。

この面談からまもなくして、彼が入院したと聞きました。酒害者であった彼は、自分には妻と子どもがいる、自分は一人ではないと気が付いたものと推察しました。それから数日して旅立ったと報告を受けました。これからやり直し過程に入るところであったのにと、残念に思いました。

事例2：上司が心配してくれていると気がついて飲酒しなくなった事例

私の講話を聞いた酒害者が、体験を話しに来てくれました。「初めから『酒が友達』

ではなかった。話を聞きながら、自分の人生を振り返ると、確かに孤独で寂しかった」と。

たまたま出会った仕事の上司が、心配して何度も自宅まで訪ねて来てくれたことがあったそうです。「赤の他人であるにもかかわらず、こんな自分を解雇せず、何度も自宅を訪ねて話を聞いてくれる。この人にこれ以上の心配をかけてはいけないし、何かあればこの人に相談したい」という気持ちになった頃、酒に手が出にくくなったそうです。上司が褒めて、励ましてくれたので、ますます断酒することを自分で誓ったとのことです。だから「今日の話は、聞いて良かった。自分の気持ちの移り変わりがストンと落ちた」と感想を聞かせてくれました。

事例３：電話相談で断酒していった事例

「夫は運転業務に就いていますが、飲酒してから運転業務に就いたことが判明し、事務仕事に回されました。その後、飲酒量が一段と増えたので、悩んでいる」と妻からの電話相談を受けました。少し時間があったので、経験的知見を話して、３週間後の相談日を約束しました。専門医が聞けば「アルコール依存症」と診断が出そうな状態だと思ったので、夫の心理状態を妻に伝えてみました。

「本人は奥さんがいると思っていないだろう。子どもがいるとも思っていないだろう。実家に両親が健在であっても自分には両親がいるとは思っていないだろう」と話すと、妻に泣き出されてしまいました。

失礼なことを言ったのかと気にしながら話を聞いてみると、次のようでした。「夫は寂しい人と分かって結婚しました。確かに実家へ顔を出すことを勧めても夫は行くことがほとんどないので、不思議に思っていました。夫の寂しさがそれ程とは思っていなくて、つい泣けてきました」とのこと。

その後、次回の面談日の直前に予約のキャンセル電話が入りました。理由を聞くと「あれから、夫が帰宅すると、晩酌するとき傍にいて、話し相手になりました。幼少時代の話を聞いてみると、改めて孤独で寂しかったことが分かってきました。ふと気が付くと、夫の酒の飲み方が変わり、飲む量が減ってきたのでしばらく様子を見てみたいです」とのことでした。

およそ半年ごとに電話をして様子を聞いたところ、彼は妻に、孤独で寂しかった中で頑張って生きてきたことを繰り返し話したそうです。そして一緒に泣いたこともあったそうです。その後、彼は飲酒して運転したことを反省し、仕事を続けて稼ぐ意欲を持ち始め、相談を受けてから4年ほどして、再び運転業務に就くようになりました。

事例4：再飲酒した事例

「アルコール依存症の人は、死ぬまで断酒が必要」と外国での追跡調査の結果を示した、専門家の講話を聞いたことがあります。それは、若干が再飲酒・節酒しているものの、大半の人は断酒しているという調査結果から、断酒は必要であるとの主張でした。それ以来私は、再飲酒の問題より、節酒している人がいることに関心を持つようになりました。

酒害相談に乗っていて「酒が身内」から「酒が友達」になった人には、「断酒継続ではなく節酒ができると思うが、飲むときには知らせて欲しい」とお願いしました。30年程前に夫の酒害で悩み、「酒害であっても人生をやり直せる」と人から伝え聞いて、勉強会に参加した方がいました。夫の酒害について私の考え方を聞いてから、断酒会に付きそう形で夫の断酒に協力していました。

一方で、保育者である妻は、職場では浮いた存在でした。子どもとうまく関われない悩みも持っていましたので、保育事例検討に取り組んでいました。大変な時間と苦労を重ねているうちに、進級や卒園時に担任でないのに、保護者からお礼を言われるようになりました。子育ての結果にも悩みましたが、我が子や孫への関わり方に手応えを持ったことで育て直しにも挑戦し、成果をみるようになりました。

出会ってから30年ほどして、突然、「夫が再飲酒している」と報告を受けました。中学生の孫の悩みに向き合っているとき、夫の再飲酒・節酒を知りましたが、その様子を見ていると、「今日は夕方、出かけるので酒を飲まない」とか「今日は出かける予定がないから朝から酒を飲む」のだそうです。この急展開には、キッカケがあると思って妻に聞いてみると、夫から「俺の死に水をとってくれ」と言われたそうです。

妻としては、以前と違って、断酒を勧めたり、夫の目を盗んで酒を捨てることはしていないそうです。夫はおいしそうに飲んでいるし、これが「酒は友達」になったと言うことかと思いながら付き合っているそうです。飲み過ぎて歩けないほどになるときもあったそうですが、コントロールすることも見られるようになっているとか。困ったときは職場の事例検討会で知り合った仲間に相談し、力になってもらえたそうです。

事例5：両親がシンナー吸引している園児の保育園長からの相談事例

シンナー吸引同士で結婚しましたが、母親は妊娠したことが分かってから吸引を止めたそうです。父親も止めた時期がありましたが、最近は、母親の目を盗んで吸引していることもあり、離婚を考えるようになったと母親が園長に相談したそうです。

そこで園長に、「シンナー吸引で知り合った両親は、寂しい者同士の結婚だと推測される。母親が妊娠したことが分かって吸引をしなくなったのは、自分は１人でなくなったと実感したからだと思われるが、父親は依然と孤独で孤立状態にあり、それを理解してもらえずシンナーが母親替わりになっているのではないかと思われること。離婚の機会かもしれないが、母親が父親の孤独感を知ろうとしたら、吸引しなくなる可能性があるので、母親が求めるなら、園長が同席して話すことも可能だろう」と解説し、助言・指導しました。

２ヶ月後、園長からの報告では、園長も何度か夫婦の話し合いに同席したそうですが、父親が寂しかったことを泣きながら話したら、母親が抱きかかえるということがあったそうです。しばらくすると、父親の顔色が良くなり、母親と一緒に子どもの送迎をするようになってひとまず解決したとのことです。

事例6：ゲームに夢中になり不登校になった中学生

小学生の頃からテレビゲームをするようになり、小学校高学年ではお年玉でソフトを買って友達と交換したり、より上位を目指し競争して遊ぶようになりました。

中学に進学してからしばらくは勉強や部活を行っていましたが、部活で知り合った友人と部活を抜け出してはゲームをするようになり、深夜まで行っていることもありました。2学期になって遅刻するようになり、親が起こして車で連れて行くほどになったため、さすがに心配になり相談してきたものです。

生育歴を聞くと、1歳児から保育園に入れて共働きしていたので、ほとんど思い出せませんでした。保育園でも元気の良い子だと保育者に言われたくらいで問題になることはなかったと言います。小学生でゲームをするようになりましたが、宿題をして友達とも遊んでいたので特に気にしていなかったとのことです。

最近では母親が注意すると怒って物に当たることがありますが、父親がいるといるときはおとなしく自分の部屋に入ります。しかし、覗くとゲームをしており、両親が寝るときに声を掛けても返事だけで、ゲームを続けているとのことです。困ったときに誰を頼るか聞いてみたのですが、両親とも首をかしげていました。

そこで、大人になる道筋を説明したところ、母親は仕事がおもしろくて子どもの相手をしていなかったと反省していました。そこで、まず子どもに謝って、本人が受け入れるスキンシップから始めることを提案しました。

1ヶ月後の報告では、父親と入浴をし、母親が添い寝するようにしたところ、朝食を3人で取るようになり、父親と家を出て途中で別れて登校するようになりました。さらに1ヶ月後には、ゲームは親が寝るときに止めるので言って欲しいというようになり、深夜こっそりとゲームすることがなくなりました。友達とも約束したそうで、約束を守る友達とオンラインゲームをするようになりました。夕方や学校が休みのときは家庭菜園を手伝うこともあり、3ヶ月後の母親の誕生日には、小遣いで花束を買って「ごめんなさい。心配かけました」と言ってお祝いしたと報告がありました。

2. 非行少年の言い分

少年非行の相談に乗るときは、「泥棒にも三分の理がある」を「非行少年にも三分の理がある」と置き換えて、彼らの言い分に耳を傾けるようにしました。

非行少年に話を聞くと、幼少時代から友人がいないとか、悪童仲間に入っていることが多く、家族の中でも孤立して一人ぼっちの生活を送っていたと語ってくれます。その寂しさを適切に表現できずに、非行を行うことで家族や周囲に分かって欲しいと訴えているようです。ですから、親が心配していることを非行少年に伝える前に、言い分を聞き出し、自分の気持ちを自分から親に言うか、相談者が言うかを少年に選択してもらいます。多くの場合は、依頼を受けますから、そこで親に少年の言い分を伝えるようにすると、親は聞く耳を持ってくれます。そして、思い当たることがあると気が付くと、親は反省し、親子の関係が結ばれて改善に向かいます。

事例１：万引きをエスカレートさせている少年の事例

少年は、保育園の年長組頃から万引きが始まり、小学校に入ってからは周囲に知られるようになりました。それが父親の耳に入ると、少年は父親から殴られたと言います。痛かったけれど、自分が良い子をしていると父親は関心を持ってくれないが、悪いことをして父親に殴られるとその度に、父親は自分に関心があるんだと思ったそうです。以前と同じ程度の非行ではその場で済んでしまうので、少しでも金額が多くなるように盗んでいたそうです。また、小学校では非行少年と言うことで、遊び仲間に入れなかったようです。その繰り返しで小学校高学年まで来てしまい、相談に乗ることになりました。

長い年月を経て、非行がエスカレートしているように感じたのですが、少年の言い分を聞いてその謎が解けましたし、少年は今まで気持ちを誰にも言ったことがないことも判明しました。そこで、少年の気持ちを相談者の私が父親に言うか、少年自身が父親に言うか提案したところ、少年は自分で言ってみるとのことでした。

しばらくして、父親から少年が再び窃盗を起こしたと相談がありました。親子の改善が見られたと思っていたので、どうして起きたのだろうかと不思議に思い、少年に面談してみると、少年は、窃盗はいけないことだと分かっていて、やってみたそうです。その結果、やはり人の物を盗んではいけないと言うことと、父親に心配をかけたくないことがはっきり分かったと言っていました。

このときは、私が父親と少年の間に入り、双方の気持ちを表明してもらい、お互いに理解し合えたと思いました。その後、来談することはありませんでした。

事例2：非行を繰り返す息子に手を焼いている親の事例

中学校の時からシンナー吸引が始まり、高校では暴走族に所属して荒れた生活をしていた少年は、父親が帰宅するとマッチを擦り、畳の上に放り投げると聞きました。父親は祖父が苦労して建てた家ですから、火事になったら大変と思い、火消しにまわっているそうです。

そこで「少年が家を燃やしたかったら父親がいないときに燃やすでしょう。少年自身が父親のいる手応えを持ちたくて、マッチを目の前で擦って放り投げることで、自分に向かって欲しいとの思いではないか」と所見を述べました。従って、「俺の大事な息子と思って、息子と取っ組み合って見ることだろう」と助言しましたが、父親は、

「体力的にとてもかなわない」と言っていました。荒れる息子の気持ちが分かっていないと思ったので、体力ではなく魂でぶつかることだと話し、ギリギリまで取っ組み合えば息子も父親の心意気を感じて、取っ組み合いは収まると思われると伝えました。数ヶ月後、しばらく思い悩んだ父親でしたが、助言内容に納得がいき、思い切って息子と取っ組み合いをしました。本当に体力的に限界を感じた頃、息子も力が抜けていったそうです。その後は、マッチを擦って投げることもなくなったと報告をもらいました。

事例３：番長候補の育て直しに取り組んだ担任への援助事例

男３人兄弟の末っ子の中学2年生の番長候補の子どもの担任となって、力で押さえつける方法以外での指導をしたいが、何か良い方法はないかと相談を受けました。担任の知り得ている情報では、兄2人はいずれも中学時代に番長となり、中学を卒業していきます。また、祖父母が養子縁組をして保護者となっていますが、学校には協力的であると言います。

中2早々の状況は、何人かと連れ立って授業を抜け出し、校庭の片隅でたむろしていることがあるので、見つけると授業を受けるように指導しているとのことでした。

大人になる道筋を説明して、生徒が何歳児の姿と似ているかを聞いてみたところ、担任自身の3歳の保育園児の様子に似ているそうです。さらに「先生は子どもさんに手を焼いていますか」と聞くと、「それより未熟です」との答えでしたので、大きな赤ちゃんと思って生徒らの気持ちを聞きながら指導・援助にあたることを勧めました。例えば、たむろしているところを発見したら、第一声は「何をしているか」ではなく、「どうしたか、何があったか」と聞いてみることです。カッとなって先生に立ち向かうときは言い分をまず聴くようにと、毎月のように報告を聞きながら助言・指導しました。

3ヶ月もすると、他の先生と衝突すると担任を呼ぶようになりました。そして担任は、生徒の言い分を聞くことなく、頭ごなしに注意されたのでカッとなったと分かってきました。時間もてあましていると分かったので、生徒の運動能力を認め、運動部に誘ってみたところ夢中で取り組むようになり、めきめきと力を付けました。

中3になる頃には、部活に夢中になると共に、荒れそうな下級生の指導にも当たるようになりました。夏には県大会に出るチームの一員となって活躍しました。秋になると、生徒自身から高校へ行きたいので教えて欲しいとの申し出ありましたので、小学３年のドリルから始めて、高校に進学したと報告を受けました。

3. 虐待相談にのって

「虐待」と言ってもいろいろなケースがありますが、ここで取り上げるのは、親が我が子に行う虐待です。

「虐待問題」を常識的に考えたとき、どのような親が虐待をするのでしょうか。かわいがられて育った経験をしている親が、我が子を虐待するということは聞いたことはありません。我が子を虐待する人には、その人なりの言い分があります。それは「幼少時代にかわいがられていない」「虐待を受けてきた」と言うものです。だからと言って、虐待を受けた人が親になったら全て我が子を虐待するかというと、それも違います。虐待を受けても虐待しない親、大人もいます。それらの人の話を聞くと、親以外の人に虐待のつらい話を聞いてもらったり、かわいがってもらった経験を持っています。

しかし、中には親には虐待されたが、我が子にはしたくないと思っても、繰り返している人もいるのです。

虐待を繰り返さない人は、誰かに具体的にかわいがられているか、一つひとつ我が子への接し方を教えてもらって、子どもの発達に合わせた関わり方を学んでいる親と言えます。

事例1：2歳過ぎると姉に続いて虐待が始まった事例

2歳の次女に対して虐待をしてしまう母親からの相談です。この母親は小学生の長女に対しても2歳過ぎた頃から虐待をしており、小学生になってからは、別れた父親に預けて、長い休みの間だけ引き取って同居しているそうです。メンタルクリニックの母親の主治医とも相談し、少し冷却期間をおけば冷静になれると思うので、次女を施設で一時的に預かって欲しいと考えているとのことでした。

虐待する母親自身の生い立ちを聞いてみると、彼女の父親はちょっと気に入らないことがあると母親に暴力を振るい、母親は肋骨を折ったこともあり、止めに入った彼女も父親に蹴られたことがあるそうです。高校時代に母親は病死しましたが、高校卒業後は住み込みで働くことにし、以来、父親とは全く連絡を取っていないとのことでした。彼女自身は自分に自信が持てず、精神科に通院して加療中です。

長女と同様に次女についても、２歳過ぎまでは母親なりにかわいがってきたようで、人見知り・後追い現象もありました。この場合の虐待は、長女（小学生）と同じく自己主張が出てきた頃からその対応に困って、つい手が出るようになったことが分かってきました。

そこで、手が出る場面を書いてきてもらい、一緒に次女への関わり方を考えることを提案したのですが、施設に子どもを預けたがっている母親を納得させるまでには時間が掛かりました。母親は「来週の面談までに手を挙げてしまう。今晩にも手を挙げてしまう」とか「父親に長女を預かってもらっているので、これ以上は頼めない。一時的に施設に預かって欲しい」と繰り返し訴えてきました。

手を挙げる場面を再現してもらうと、次のようなものです。コーンフレークに牛乳を掛けて食べることは理解できるが、ご飯に牛乳を掛けたので、つい「何をするの」と手が出たと言います。次女は牛乳を掛けて食べてみたかったのではないかと母親に言うと、母親も内心ではそう思ったとのことでした。そこで、母親は次女の思いを想像できるのですが、それを言葉で伝えることをしないで、ついカッとなって次女に手が出ているものと思われました。そこで、手を出す代わりに内心で思ったことを言葉にして言ってみるように勧めました。いくつかの場面で具体的に声の掛け方を助言・指導したところ、母親はすぐに施設に預けることをしないと納得してくれました。

1週間後の面談では、母親は内心で想像した次女の言動を、言葉にして伝えていましたので、手が出る場面はほとんど見られませんでした。その後2回ほど面談しましたが、子どもとの会話が楽しくなってきたので姉も引きとって、母子3人で生活できるように手続きを取ったと聞きました。

事例2：養子の小学生を虐待している養父の事例

同業者からの相談事例です。2人の子連れの母と再婚した養父が小学生の兄に対して、しつけと称して殴る蹴るの暴力を振るっているとのことでした。連日、小学校や地域の人から電話が入るが、どのように相談に乗ったらよいか分からないとのことでした。

養父によると、再婚するにあたって、小学生だから途中で名字が変わるのは負担だろうと、父親が養子に入ることにしたそうです。しつけと称する乱暴は再婚して半年くらいから始まり、登校後の子どもの様子を見て、担任が虐待されていることに気が付きました。担任としては養父に暴力を控えるように依頼しましたが、聞き入れてもらえなかったとのことです。

養子に入る形で再婚した父親が「しつけ」と称して暴力を振るうのは、どのような気持ちか推測しました。こうした場合、養父自身が幼少時代に暴力を受けて育てられた可能性があります。養父が「しつけ」と言っているのは、自分がされたことを繰り返している可能性があると思われましたので、養父と話し合うときは、世間話から徐々に養父の幼少時代の生活を聞き出してみることだろうとアドバイスしました。「もし幼少時代に叩かれたことがあれば、そのとき、養父はどのように思ったかを聞いてみてください。養父は叩かれて痛かったことを思い出すだろうから、そのときの気持ちを確かめることです。多分、養父は自分が繰り返していることに気が付くことでしょう。腹を据えて、養父の言い分を聞き出してみてください」と伝えました。

早速、地区の役員と一緒に訪問し、玄関での立ち話ではなく、机を挟んで話し合ったところ、父親から幼少時代のエピソードを聞き出すことができたそうです。養父は親から叩かれる「しつけ」を受けたと言ったので、すかさずそのとき養父はどう思ったかを聞いたところ、養父は突然のように「あのときに思った痛かったことを、今自分がしている」と、気が付いたようです。

その後、1週間経っても学校や地区の人から電話が入らず、担任に確かめたところ、養父が子どもに謝って、その後、叩くことはなくなったと報告を受け、相談はひとまず終了しました。

事例3：小動物を乱暴に扱う女児の事例

園の担任からの相談です。女児は年少組の後半になって、ウサギ小屋の中に入ってウサギを捕まえて放り投げたり、ウズラを捕まえて放り投げるなど小動物を乱暴に扱うようになりました。年中クラスになって小動物に当たり散らすことは見られなくなっていたので、担任は安堵していましたが、ゴールデンウイークが明けてしばらくしたら、再び小動物を乱暴に扱うことが見られるようになりました。担任が何度注意しても、続いていたため心配になって相談に訪れたのです。

祖母は、初孫の女児がかわいくて、会うのを楽しみにしていました。しかし、娘である母親が「しつけ」と言って孫を叩いたり暴言を吐いたりしていると知り、「自分の産んだ子を叩く娘に育てたつもりはない」と知人に話をしていることが、園長の耳に入ったのです。

そこで、女児の園での様子を聴きながら発達チェックを行いました。くすぐったら笑えるかと聞くと、多分できるだろうとのこと。甘えることはできるかと聞くと、多分できるだろうとのこと。「多分」では曖昧だから、「今」現在の発達段階を確かめることと、母親から園児の生育歴を聞くようにと助言・指導しました。

母親は子どもが母親の言うことを聞かないので、かわいくないと言っており、園では何人かで抱っこしようとしましたが、女児は上手に逃げ歩くとのこと。そこで、担任には、１日１回、数分、くすぐっては抱きしめる「好き好き大作戦」を行うように助言しました。

すると、１週間ほどで先生に抱かれるようになり、クラスから出て職員室に入り浸るようになりました。そして園長や主任が仕事をしながら、ときどき女児の相手をしていると、添い寝を求めるようになりました。ベッドに寝かせて添い寝をしてみたところ、家庭でも母親に抱っこを求めるようになりましたが、母親は、年中組になって抱っこを求めるようでは小学校へ行けなくなるのではないかと思い、自立するように抱っこを拒否していたとのことでした。

そこで、担任が母親の幼少時代の思い出を聞いたところ、「姉は病気がちで両親が養育していましたが、自分は健康であったために祖父母が養育してくれました。わざと病気になるようにしても病気になれず、母親に甘えることができなかった」と話したと言います。そこで、担任は、祖母（母親の母親）に母親の気持ちを語ってみることを勧めました。

その後の母親の報告によると、自分の話を聞いた祖母は思いもよらなかった話であり、それは気が付かなくて悪かったと、娘である母親に謝ったそうです。それを聞いて母親は胸のつかえが下りて、快く子どもをおんぶや抱っこできるようになったとのこと。それに伴い女児の園での小動物への虐待行為はなくなっただけでなく、小動物をかわいがるしぐさをするようになったということです。

4. いじめ相談にのって

「健全ないじめがある」と言うが本当だろうかと、卒業研究のテーマに取り上げ、学生にアンケート調査した、保育者養成課程の教え子がいます。その結果、良好な友達のいる学生は、いじめたり、いじめられたりの経験は思い出せるものの、それが1年以上続くことはなかったということが判明しました。一方、今も人間関係で苦労している学生は、1年以上かかっても人間関係が苦手なままであるとの結果でした。

「いじめ」が起きると、世間はすぐに「いじめ防止」と叫び、仲良く遊ぶことを求めますが、まずは「いじめ」に至ったいきさつを、双方から聞くことから始めることです。「いじめ」はいじめる方もいじめられる方も発達途上で起きますので、「いじめ」が起きたときは、一人ひとりの発達段階を見立てることが大切です。第1課題から取り組む子どももいれば、第3課題、第4課題からと言う子どももいます。誰から育て直しに取り組むかを考え、育ち直るような支援をしながら、仲間に説明し、協力を仰ぐようにすることです。

いじめられる側にしろ、いじめる側にしろ、一人の育ち直る姿を見ることで、周囲の子ども達がそれぞれ生き方を問われることになりますので、その様子・変化を見ながら、協力者や仲間を増やすように周囲の子ども達を巻き込んでいくことです。そのためには、育て直しに取り組む大人の育ちが問われます。少なくとも第3課題を達成していないと、一人ひとりの発達段階を見たり、その先の変化・成長を把握することが難しくなります。できることなら第5課題までの乳幼児体験をしていると、いじめ問題の解決はしやすいと思います。

事例1：小学1年女児の母親からの電話相談の事例

冒頭で母親から学校に内緒で相談に乗ってもらえるかと言われ、それを約束して電話相談した事例です。

娘の表情がおかしいと思ったので様子を見ていたところ、ランドセルに砂を入れられたり、頭に砂を掛けられたりしていることに気が付きました。集団登校の様子を後から追ってみたところ、上級生がそれらを行っていることを確認し、担任に相談しました。学校では分団会議や生徒指導の中で、それとなくいじめは良くないと指導をしてもらったのですが、一向に改善されないと言うことでした。

そこで、母親に女児の生育歴を聞いてみました。胎生期や出産期に特記する問題はなく、微笑みはあったし、人見知り・後追い現象もあったとのこと。そこで、言動の不一致ないしは優柔不断な言動はないかと聞くと、以前からグズグズしてはっきりしない子であったと言います。そこで、子どもの思いを言葉で表すような声掛けをしたり、返事をしっかり確かめる応答を行うように助言・指導しました。

１ヶ月過ぎて、その後の経過を確かめるために母親に電話を入れました。父親にも電話相談の結果を報告し、手分けして関わるようにしたところ、担任も驚く程にしっかりした振る舞いと態度を取るようになりました。集団登校でもいじめられることはなくなったとのことです。

事例２：親子ともにいじめられた経験をした事例

中学１年の子どもが夏休みの宿題で、担任との間で行き違いが起きて、その後不登校状態になっているとのことで、学校からの依頼もあり、両親と息子と面談をしました。

担任の説明では、夏休み明け、読書感想文に表紙をつけて提出するように指導したところ、息子はその場で表紙を書いて提出しました。しかし、表紙と本文の字体があまりに違うので、担任が息子に字体の違いについて聞いたそうです。

帰宅した息子の様子がおかしいので母親が聞いたところ、いきさつが判明。担任から説明を受けたのですが、親子は納得できず、不登校の原因は担任の指導が悪いからとの両親の訴えで、親子と面談することになりました。

担任から受けた説明を聞いて、どうして表紙と本文との自体が大きく違ったのかを、両親は息子から聞いていませんでした。また、両親は息子に、担任にどのように説明したのかを聞いてみましたが、はっきりとした返事はなかったということでした。私からも息子に当時の様子を聞いてみたのですが、声が小さく聞き取りにくい返事でした。一応分かったことは、部活が始まっていたので、殴り書きをして部活に出かけ、後で担任に説明を求められたときも、その事情は伝えなかったということです。

こうした事情があったにもかかわらず、両親は担任が息子に不信感を持って関わったことを問題にしていました。そして、両親にも、いじめられた経験があることが判明しました。さらに、息子は、1学期の途中から一部生徒にいじめられていたそうですが、これについては、学校に内緒にしてくれと言われたので、それを約束しました。

まず、息子の生育歴を聞くと、欲しくてやっと授かった子どもだそうです。人見知りまでは何となくあったそうですが、本来の経験内容であるとは思えませんでした。保育園時代には友達の真似をしていじめに加担したことを担任から聞いて、親は注意をしたことがありました。また、小学校時代には友人と一緒に石蹴りをして遊んでいるとき、乗用車に石を当ててしまい、親が本人にいきさつを聞いてもはっきりしないまま、厳しく叱り、息子を連れて持ち主に謝罪に行ったそうです。面談の結果、息子は自分の言動に自信が持てていないと見立てました。家庭では親が息子の本音を聞くように、まず言動をしっかり表現するように応対することを助言・指導しました。

ところが、父親は次の面談までに、匿名で教育委員会へ、学校でいじめがあって困っていると相談してしまいました。学校からの連絡には、相談者との守秘義務がありましたので、いじめには触れないで育て直しの必要性を指導したと回答しましたが、これをきっかけに、学校に面談の進行状況を伝え、連絡を取り合うことにしました。

何度かの面談を経て、母親は、家庭で息子に手伝いをさせながら言動をはっきりさせるように関わりました。そして、夕方登校が開始となりました。当初、息子を送ってきた母親が職員室に来校を告げていましたが、しばらくして、母親が付き添って息子本人が職員室へ来校を告げるようにしました。母親が付き添わないで本人が職員室の戸を開けて来校を告げるようになった頃から本人の表情がしっかりし、声もはっきり聞き取れるようになったとのことです。

本人をそっと見る機会がありましたが、別人のようにしっかりした顔つきでした。まもなく、教室にも入って、友人らと会話もできるようになり、いじめられることはなくなったと聞いています。

事例3：女子学生からの相談事例

パーティを企画する委員会のメンバーからの相談です。委員長は、なりたい学生が立候補して選ばれました。ところが、話し合いを重ねるうちに委員長自らがドタキャンしたり嘘をついたりして、会議に来なくなりました。パーティの日が迫ってきても思うように進行しないので、担当の先生に相談したところ、「いじめるようなことをしないで上手に委員長をフォローしてやりない」と言われるばかりで、困っているとのこと。

そこで、委員会の様子を聞いて、育ちの観点から見たとき、委員長は自分のしていることを意識できていないのではないかと仮説を立てました。委員長がこれまでの進行や行動を認める気持ちがなかったら、即刻、委員を辞退した方が良いだろうと助言し、先生も応援すると伝えました。しかし、もし、委員長が自分の非を認めて皆に謝ったら、みんなでなんとか開催するようにと話しました。

結果、滞りなく立派にパーティは終了しました。後で、相談に来た学生らに聞いてみると、「まさか委員長が、自分のしていることが分かっていないとは思わなかった」とのこと。委員長が認めて頭を下げて謝ったので、皆で協力して行ったそうです。いじめ問題への防止ができたと思われます。

事例４：子どもをいじめ集団から引き離した2組の親子の話

いじめの絡む自殺事件が起きましたが、当初8名の生徒がいじめていたという報道がされていましたが、後に6名と報道されるようになり、不思議に思っていました。しばらくして、校区の相談者から情報が入り、いじめ側の２名の生徒の親は、日頃から親しくしていましたが、我が子がいじめクループの一員と知り、助け合って子どもの行動をそっと追跡していました。A君は自宅からお金を持ち出して差し出していましたし、B君はリーダーに指示されて使い走りをしていました。

そこで、A君の両親は、土日毎に子どもと一緒に家の仕事を一日中行ったそうです。初めは気が進まなかったようですが、2ヶ月もすると、自分から進んで手伝う姿勢が出てきました。B君の父親は、会社の残業を断って毎日息子と一緒に入浴したそうです。しばらくすると、今の友達から離れたいと言うようになり、父親は部活に取り組むように勧めました。

A君、B君の親子関係の改善ができたその直後に事件が発覚したと言います。

5. 精神病院に通院加療中の人からの言い分

「精神病」と耳にすると、即座に「精神科医」「精神病院」に任せ、我々の関わることでないと理解しがちです。毎週開催される精神障害者とのデイケアに、同じ人間としてどこが一緒でどこが違うのだろうかと思って参加していました。試行錯誤の連続でしたが、精神医療の現場を知るに従って、精神病と診断されても一生精神病状態でないことが分かってきました。

見た目では判りにくいため、「精神病」のレッテルを貼られたまま農作業をしたり、陶器作成をしたり、手芸をしたりして収入を得ている人たちもいます。

事例１：「猿の世界」と「人間の世界」があると話す精神障害者の事例

通院加療中の精神障害者とのデイケアに参加していたときのこと。ある青年が「今日は黙って、最後まで俺の話を聞いてくれ」と前置きをして話し始めました。

彼の話をまとめると、次の内容でした。「同級生はずーっと『人間の世界』にいる。俺たち精神障害者には『猿の世界』と『人間の世界』がある。『猿の世界』にいるときは自分でも自分がどうなっているか分からないので、何をされても仕方が無い。『人間の世界』には、『病院の生活者』と『家の生活者』と『社会の生活者』がいる。今、自分は『家の生活者』と『社会の生活者』の間にいる。『社会の生活者』となることができる良い薬はないか」と。

これより以前に彼から聞いた話として、何回目かの精神病院に入院中とのこと。眠れないので睡眠薬が欲しいと申し出たところ、3人の男性看護師に毛布でぐるぐる巻きにされ、廊下で足蹴りにされたことがあったと言います。どうしても許せなくてテレビ局に氏名、誕生日など含めていきさつを長文にしたためて投函しました。やがて、テレビ局からは、丁重な断りが来ました。

どうしても納得いかない彼は、警察に訴えたいと言い出しました。彼の言い分を認めながら、警察にいきさつを電話して、彼の話を聞いてから返すようにと依頼しました。「話を聞いてくれたが…」と、戻ってきた彼は釈然としていないようでした。この話題について、彼は「『人間の世界』にいたのに、人間扱いされなかったことが許

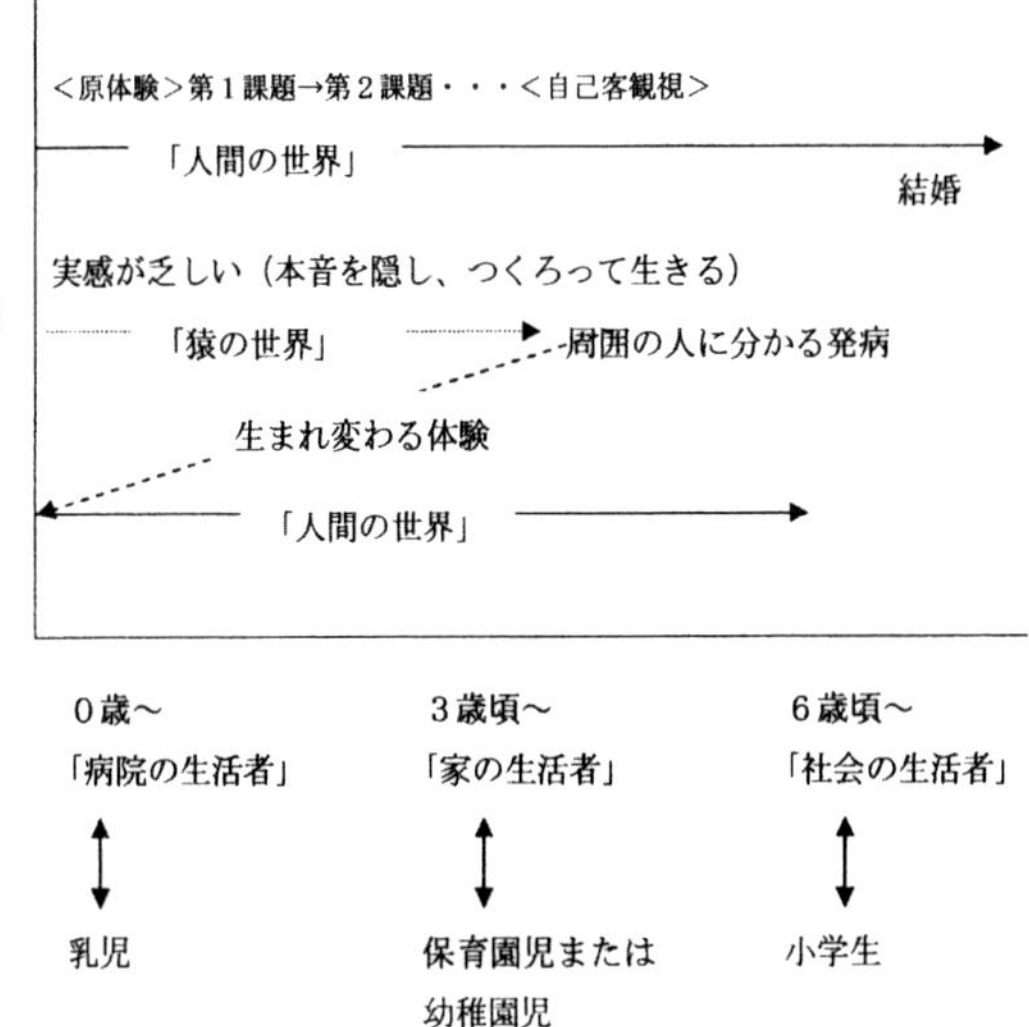

せなかった。何とか解って欲しかったと思っての行動だった」と話しました。

当時、彼の質問に対して、彼に分かってもらえるような即答ができず、宿題にさせてもらうことにしました。後日、彼の話したいことを図にしたものを作成し、彼に意見を求めたところ、彼は言いたかったことはその通りと即答してくれました。

その後、他の精神障害を患っている人に話をするとき、その人が「猿の世界」にいるのか、「人間の世界」にいるのかの理解に役立ち、助言・指導しやすくなりました。それだけでなく、感情が動くことが人間にとっていかに大事なことであるか分かりました。

事例2：自分から精神科に入院した事例

家庭訪問していた精神科通院中の青年が、自分から母親に頼んで入院したと、彼の仲間からの報告で分かりました。機会を見つけて病院を訪問し、本人と面談しました。何やら不安になり、パトカーや救急車などを見ても守られている感じがしないし、両親も頼りにならないと思ったので、通院中の病院なら安心できると思って母親に頼んで入院したそうです。入院したら安心できたので、家に帰りたいから主治医に頼んでくれと言われました。彼の気持ちは分かったので、私からも頼んでおくと話して、面談を終えました。

その後1年ほどして、彼が退院したと聞いたので、再び自宅を訪問して面談しました。不安になったら入院すれば安心できると分かったけれど、入院が長かったので病院の人や家族に自分の気持ちを解って欲しいと訴えていました。

事例３：生まれ変わったことを知らせた事例

精神病院に何度か入院歴のある男性の家族からの相談です。この度の入院で家族宛の手紙が届きましたが、裏の差出人が本名ではなく見慣れない姓名に変わっており、その下に旧姓がかっこ書きで添えられていました。封筒を見た家族は「あまりにもふざけている。今後は面会に行かない」と憤慨していました。その封筒を見せてもらって、私は、結婚した女性が旧姓を書くことを思い付きました。それは結婚して今までと違うことを知らせるものです。彼も今までの自分とは違うことを家族に分かって欲しかったのではないか。むしろ今から面会をしっかりすることの方が、彼の回復に必要ではないかと助言・指導しました。

その後、仮退院した彼と面談する機会があり、家族との面談内容を確かめましたが、間違いありませんでした。さらに、病院では自分の気持ちを正直に話すと悪くなったと判断されて病棟まで変わることや、医師や看護師をごまかして退院しても再入院している仲間を見ているので、それはしたくないと悩みを打ち明けてくれました。

これには、病院のケースワーカーに自分で話をしても理解してもらえそうになければ、こちらに連絡をするようにと伝えました。しばらくしてケースワーカーに確認したところ、彼の言い分は良く分かったので、主治医にも説明して理解を得たと聞きました。

事例4：精神病かも知れない里子を養育している里母からの報告

ある講演会の終了後、幼少時に母親が精神病で入院して父親も自殺したので、里子として養育してきた子どもについて、里母から話を聞きました。

中学2年生になった頃、学校から帰宅すると部屋の片隅でうずくまるようになりました。どうしたのかなと様子を見ていると、そのうちに「怖い」「誰かが後を付けてくる」などと言って震えるようになりましたので、帰宅すると直ぐに里母は抱きかかえるようにしました。知人からは精神科の受診を勧められたのですが、迷いながらも毎日抱きしめていました。すると、朝から抱っこを求めるようになったので、登校せずに里母と一緒に過ごすようにしました。そのうち、抱っこされるだけでなく里母と遊ぶようになり、半年経った頃には、お手伝いをしたり、料理も作るようになりました。中学3年生からは幼なじみの生徒と同じクラスになり、登校を始め、高校にも進学しました。

子どもが精神病であったかどうかは分かりませんが、里母は良く子どもを抱きしめ続けたと感心しました。

さらに別の会場での講演会の終了後、立ち話することになりました。里子なので高校卒業まで養育しましたが、卒業しても里母の家の近くの会社に住み込みで働き、良く顔を出していたそうです。そして結婚して子どもができたとき、「子どもを産んで良かった。かわいい」と言ってくれたことがうれしかったと言います。子どもは、子どもらしく育っているとのこと。

前回話したときは里子が精神的に病気かもしれないと思って再発を心配していましたが、育ち直っていると聞いて安心しました。

6. 自死を試みた人と向き合って

相談中に自殺に至った事例は今までのところありませんが、転勤とか継続相談の終了後に後から知った事例はあります。かつて継続相談していた少年の父親からの電話で、電話中に内心で「この人、死ぬことを考えているかもしれない」「死ぬ前の電話ではないか」との思いが湧いてきました。カウンセリングができる立場になかったので、それを口にすべきか迷ったあげく、「電話くらいなら出られるよ」と言って受話器を降ろしました。それから半年ほどして、知人からその父親が廃車の中で白骨化していたところを発見されたと聞きました。聞いた瞬間、あのとき内心に湧いた気持ちは当たっていたと、思い、私の思いを口にして彼と話をしていたなら、どうなっていたかと考え込みました。

その後は、相談に乗っていて内心に「死」の感じが湧いてきたら、それを口にして一緒に考えるようにしました。実際には、相手がどう思うかは分かりませんので、自死した男性との失敗談を話してから、失礼かもしれないがと断りをしてから「死ぬことを考えていませんか」、「生きていてもつらいから、いっそ死のうかなどと考えていませんか」と相手の心情に語りかけ、その思いを聞くように努めることにしました。「死」を考えるに至った経過を聞かせてもらっていると、いろいろ苦労をしている人生があると思いました。相手の思いを聞いていると、「死ぬな」と言えない場面にも接することがありましたが、毎日電話したりメールしたりしているうちに転機を迎えることが分かってきました。相手が「死」を選ぼうとしているときには、「死んではいけない」「死んだら生き返ることはないし、人生をやり直すこともできない」などと言うこともありましたが、そのときに自分にできる応答で、見守るしかないと思っています。いち早く発見して弔うことをしたいと考え、死ぬ前に知らせるように電話番号を教えたこともあります。幸いなことに亡くなったと言う知らせは届いていません。

「死」と向き合った事例が増えると、関わってきた事例を適宜紹介して「死を選ぶか、生を選ぶか」選択を迫ることもできるようになってきました。「死」を考えることで、「命」の尊さを考えられるようになると思います。自分にできることは、まず、死ぬことを考えるほどの人生に耳を傾けることでしょう。常々自分が「死」に関してどれだけ造詣を深めているかが問われていると思います。

事例1：殺してくれと母親に訴える5歳児の保育者からの相談

５歳児のＡ君は両親と母方祖母の４人家族で住んでいますが、母親によると幼少の頃から体が大きく、３年保育に入る前からしつけに困っていたそうです。周囲では虐待を疑う程の家庭内騒動で話題になっていました。

年少の頃から、気に入らないと子どもだけでなく保育者にも殴りかかっていました。家庭ではお菓子ばかり食べてご飯を食べないので、ご飯を食べさせようとすると、母親や祖母に向かって「お前、ぶっ殺す」と殴りかかるので、園に相談がありました。

年中になってからは、クラスの子どもに向かって「ぶっ殺す」と言って殴りかかることがあり、年長になってからは相談機関に相談したのですが「子どもに振り回されているところがあるので、無視してください」と言われ、そのようにしたところ園外へ出てしまい、大騒動になったそうです。抱っこして乱暴を止めようとしても手に負えませんし、くすぐると我慢して「バカ」といって逃げ出しますし、怒ったときには保育者をにらみつけます。園としても困り切っているとのことでした。

園児が「死」とか「ぶっ殺す」と言うことは聞いたことがなかったのですが、これからは「死」を正面から取り上げて保育する時代が来るのでしょう。「死」は発達の視点で言うと第1段階の課題ですから、年長児としてではなく第1課題から取り組むことです。「怒ったり荒れたりしているときは、おとなしくさせるように関わるのではなく、第一声として『怒っているのね』『ものすごくむかついているね』などと言ってみてください。甘えられないようですから、A君が受け入れられるスキンシップとして、何かと手を繋ぐとか背中をさすりながら抱き寄せるようにしてみてください」と助言・指導しました。

1ヶ月後の報告では、初めはスキンシップを拒んでいましたが、やがて自分から体を寄せてくるようになり、怒っているときの様子も代弁すると聞き出せるようになりました。しかし、保育者は暴れたときのことが頭から離れず、母親のことを「あんな奴、殺す」と言うので、何か起きるのではないかと心配しているとのこと。

家庭では「学校へは行きたくない」「死にたい」「殺してくれ」と言い、母親が「殺すようなことはできない」と言うと、A君は「暴力団に頼めば良い」と言うそうです。

保育者には、保育者に体を寄せるようになったことに注目して、甘えられるようにスキンシップを取ることに集中した保育をするように提案しました。

事例2：不登校からひきこもりの続いていた娘の言い分

中学校から不登校が始まり、卒業してもそのままひきこもっている状態のハイティーンの少女でした。小学生の頃から家出常習でパトカーに何度も保護されたことがあるそうです。中学生になってからは、不登校中に知り合った不良仲間に入って生活していました。その後はひきこもり状態で、親は困っていました。

母親は、本人を連れて面談を続けました。母親だけがしゃべっていて娘は黙って聞いてばかりでしたが、1年を過ぎた頃から娘も積極的に話してくれるようになりました。母親と娘との心の溝が深いことが判明し、どのように助言・指導したら良いか悩んでいました。そしてこのままでは孤独、孤立状態で自殺の可能性もあると内心思うようになりました。以前の苦い経験を繰り返さないために、先に娘に断りを入れて、「死ぬことを考えているかな」と言うと、すかさず「3度自殺を試みたが、神様は死なせてくれない」と答えました。まさかと思いながら、自分の気持ちを告げて良かったと思った瞬間です。そして、「今までの話から、これ以上、命を大切に生きろとか、死んではいけないなどと自分には言えない。携帯番号を教えるので、死ぬ直前に電話をして欲しい」と話しました。娘から「どうして？」と言われたので、「一番、最初に見つけたいから！手がかりを得たい！」と伝えたところ、「分かった」と携帯番号をメモしてくれました。

この間、隣に座っている母親は微動だにせず、表情も変化しなかったことに愕然としました。娘の孤独、孤立状態を思い知ることになりました。風の便りによると、生きているとのこと。

事例３：育児の悩み相談での事例

４歳と２歳の２人の子育てに悩む母親の相談に、断続的に乗っていたときのことです。第３子を妊娠したことで、子どもが欲しい母親と育児ができないので出産をあきらめるように働き掛ける家族、関係者の間にあつれきが起き、悩んでいるとのことでした。

母親の相談に乗っていた者として、客観的には家族、関係者の考え方も分かりますが、母親の言い分に耳を傾けているうちに「母親に自殺の恐れがある」との思いが湧いてきました。過去の苦い経験を繰り返したくないので、毎日電話かメールをしていました。

あるとき、電話中に母親が突然「怖い!怖い!」と叫びました。はじめは母親に何が起きたか見当も付きませんでしたが、感情の高ぶりが収まりかけたときに訊ねてみると、母親は「今までも度々あったが、電話しているときにインターネットの自殺画面を見ていた。今、初めて、怖い!と思った」とのこと。

すかさず「この電話を切るな!画面から目を離すな!」と繰り返し言いました。母親は「怖い!怖い!」と連発していました。時間にすれば短かったと思いますが、母親の感情の高ぶりが下降し始めたときに、「自殺することの怖さが実感できたか?」と言いました。母親は「自殺に関する画面を何度も見てきたが、今、初めて怖いと思った」と答えたので、パソコン画面を閉じるように言いました。

その後もしばらく毎日連絡を取りましたが、母親の「自殺することの怖さが分かった。もう自殺画面は見たくありませんし、見てもいません」との言葉を聞いてからは、毎日の連絡をしなくなりました。その後は、子育てについての悩み電話があれば、それには応えていました。

おわりに

今から、大人になろう。　大人にしよう。

「いつかは友達のいる普通の人になる」と誓って50年。古希を過ぎて、新たな段階に入ったと思うこの頃です。

２０１９年末、中国・武漢市で始まった新型コロナウイルスの流行は日本だけでなく世界に広がり、大騒ぎになっています。一刻も早く収束することを願うものです。その中で、日本人一人ひとりの育ちが一段と未熟な状態であると思われることが表面化してきました。

トイレットペーパーの買い占め騒動です。こうした騒動は以前にもありましたが、今回は当時と比べものにならない深刻さを感じます。騒動が起きて間もなく、首相は国民に向けて「トイレットペーパーの生産はほとんど国内でまかなわれており、在庫も充分にあるので冷静な行動を！」と呼びかけました。マスコミも連日報道しましたが、トイレットペーパーの買い占め行列は続きました。

買い占めに走っている人、一人ひとりはどのような育ちをしているかと関心を向けたとき、我らが日本の首相や我が国の報道を信頼できない育ちをしているのではないかと理解しました。

映像を見ていると、買い占めに走っている人達の多くは、思春期以降の子どもを持った年代の人達です。ご自身の育ちと共にそのお子さんの育ちに関心を向けたとき、保育園児や幼稚園児、小中学校の児童生徒の実態とも重なってきます。誰も信用できず不安な気持ちでいる大人自身も不憫ですが、その親に育てられた子ども達も不憫です。それは第3課題の「人見知り・後追い」経験ができていないと理解できそうだからです。

1980年頃から、育て直し・育ち直りの実践活動と合わせてその普及に努めてきましたが、私の期待や願いとは逆に、世の中は大人になることができないだけでなく、老いも若きも一人ひとりがその「育ち」の未熟さに悩んでいると分かってきました。子育てを語るとき、老若男女といった幅広い人達と精神病や依存症などを同時に取り上げることに戸惑いがありましたが、赤ちゃんが大人になる道筋から考えたとき、その必要性が分かってきました。

連日、どうしてそのようなことができるのだろうか、どうしてそのようなことが起きるのだろうかと思う事件、事故が報道されます。それも、七つの発達課題のうちの第1課題（実感）や第2課題（安全、安心）までの育ちの人だからではないか。くすぐられたら屈託なく笑えるか、安全・安心の感覚は備わっているかなど、人として基礎が培われているか点検する必要があるように思えます。この段階までの基礎しか培わずに生きている人は、自分のことで精一杯で、人を嫉んで人の揚げ足を取ることはできても、心から人を褒め、支援することは難しいと思います。

第3課題（人見知り、後追い）を達成している人には、大好きな人が見つかっており、いざとなったら頼る人がいます。自分は自分で、人は人と自分と人は別の個人であることを感覚的に理解できていますから、人の良さを認めて応援することができるのです。自分には自分の味方がいて、自分1人ではないと分かっているので、その人に心配をかけるようなことはできないし、仮に行ってしまったとしても2度と繰り返さないように努める人だろうと思います。

同じ年代に生きてきた私個人も、例外ではありません。あるロルファーから、「角田さんは、ハイハイしないで、いきなり立ち歩きしましたね。筋肉の動きを見ると分かります」と言われました。筋肉痛が続いて歩行も困難な状態でしたので、そのままにしておくことはできませんでした。現在世話になっているマッサージ師に「角田さんの体は、骨盤や背骨にくっついている奥の筋肉が硬直しているので、その筋肉がほぐれる必要がある」と説明を受けました。思い当たることが重なり、納得がいくものでしたので、マッサージと訓練を受けることにしました。3年目に入る頃から体に変化が出始め、奄美の海で体が浮き、温泉の大浴場でも力を抜くと体が浮くようになりました。私の人生で、初めてリラックスを実感した瞬間でした。

自分の生育歴をたどってみると、3歳頃から「いつかは友達のいる普通の人になりたい」と悪戦苦闘してきました。しかし、思い返すと、胸を張る行いより、恥ずかしいこと、みっともないことばかりで、周囲のひんしゅくをかうことをしてきたと思います。この場を借りてお詫び申し上げると共にご高配をいただき感謝申し上げます。

リラックスすることが分かって、今までいかに緊張ばかりの状態で生きてきたか分かりました。やっと本来求めていた私の育ち直りが始まったと思います。体・筋肉の緊張が緩み始めただけでなく、心の変化も実感するようになりました。この先どのような変化を体験することになるか分かりませんが、終活に入った年齢になっても人生のやり直しはできそうだと思うこの頃です。

この本を手に取ってくださった方には、人として本来の在り方に沿った経験知を活かして、子育て、育て直し・育ち直りに取り組んでくださることを願います。そして、若い方には、さらにこの考え方の充実と発展に取り組んでいただくことを祈念するものです。仲間が増えれば、日本は再びよみがえると期待できます。

私個人も、幸いなことに大病することなく丈夫な体を親からもらったように思うので、お迎えが来るまで、育て直し・育ち直りに貢献していきたいと思います。

■著者略歴

角 田 春 高（かくた はるたか）

1948年愛知県生まれ。愛知県立大学文学部社会福祉学科卒業。1971年～愛知県職員として、愛知県心身障害者コロニー短期母子療育施設・緑の家、児童相談所、保健所、福祉事務所、保育大学校に勤務。乳幼児から老人世代までの相談、事例援助活動に従事して、一生の中での「今」に相談にのることを学んだ。数多くの実践的研究と考察から、赤ちゃんが大人になる道筋を「二段階人格形成論」として構築し、何歳からでも経験不足の乳幼児体験を経験することで多くの問題解決に取り組んでいる。その経験知を順次「角田メソッド」としてまとめて、講演や事例援助などで活動中である。

1999年～2013年まで愛知学泉短期大学幼児教育学科教授として、保育者養成と現職教育に取り組む。

2013年～2018年、愛知県教育委員会からスクールカウンセラーの委嘱を受ける。

2020年　一般社団法人　子ども子育て、教育研究所（クペリ）　顧問に就任。

現在　育て直し・育ち直りアドバイザー /臨床心理士/保育心理士

【単　著】
「育て直しの育児学」相川書房　1999年
「今からはじめる育て直し」エイデル研究所　2003年
「あきらめないで、育て直し・育ち直り」エイデル研究所　2007年

【監　修】
「これが心の育て方」グッドママ　2016年
「あずみ野発、みらい行き子育て」長野県安曇野市こちょこちょの会、2020年

【分担執筆】
「児童青少年の問題行動・症状の実際的なとらえ方とつきあい方について」安田生命25周年記念研究論文・療育指導レポート入選作品集　1990年
「保育所における社会福祉援助技術"気になる子"の援助事例」最新社会福祉援助技術　（株）みらい　2000年
園と家庭を結ぶ保育誌「げんき」連載　エイデル研究所　第71号～第166号　2002年～2018年
「新発達論としての二段階人格形成論　発達の視点による育て直し・育ち直り」愛知学泉大学・短期大学紀要第47号　2012年

赤ちゃんが大人になる道筋と育て直し

発行日　　2020年8月吉日　初版発行
2020年10月2日　第2刷

著　者　角　田　春　高

発行所　一　粒　書　房
〒475-0837 愛知県半田市有楽町7-148-1
TEL(0569)21-2130
http://www.syobou.com/

編集・印刷・製本　有限会社一粒社

ISBN978-4-86431-922-5 C0037